天天聆聽上主

上主指示的收藏

陸李南玖

ISBN: 978-1-959312-01-7

PO Box 3619

Vista, CA 92085

www.eudistsusa.org

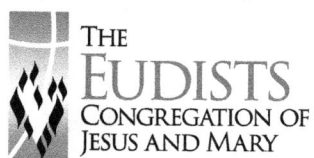

目录

獻 詞

獻給

愛我的天父

—

獻給

我的良人耶穌基督

—

獻給

感動我的聖靈

前言

神父約翰·漢普施 (Fr. John H. Hampsch,C.M.F.)

通常，一塊軟糖很快就能滿足對甜食的渴望。但有時人們可能更喜歡揮之不去的甜味，並選擇一塊緩慢溶解的硬糖。

我們神聖的天主教禮儀佈滿了無數聖經啟示的寶石，它們向我們傳達了令人振奮的見解，有時被稱為"神聖的愛的耳語"。 其中一些為靈魂提供了短暫但令人滿意的精神提升，軟糖立即滿足"甜食"渴望的方式。上帝話語中的其他禮儀段落提供了發人深省的見解，將我們吸引到更持久的恩典風味和愛的"硬糖"形式的擴展驚奇中。

這本小論文是一個樸實無華但供應充足的"糖果店"，由其作者陸李南玖 (Lily Loh) 儲備了兩種糖果，她將自己的見解附加到聖餐禮儀的經文摘錄中。花時間細細品味這些"糖果系列"的讀者很快就會體驗到上帝話語在他們生活中的轉化力量。

神父約翰·漢普施 (Fr. John H. Hampsch,C.M.F.)

《治癒你的家譜》的作者

前言

理查·鄧肯森牧師 (Rev. Msgr. Richard F. Duncanson)

"天天聆聽上主"是一個令人愉快的邀請，通過彌撒閱讀來發現上帝每天如何對我們說話。教廷第二次梵蒂岡大公會議提醒我們，在彌撒中宣讀聖經時，真正向我們說話的是耶穌基督本人。但我們真的在聽嗎？日記不僅可以幫助我們聽耶穌的話，還能幫助我們回憶和反思他告訴我們的事情。陸李南玖 (Lily Loh) 的方法對我們每個人都有效。閱讀她的書肯定會鼓勵我們嘗試一下。

理查·鄧肯森牧師 (Rev. Msgr. Richard F. Duncanson)

聖地牙哥, 德阿爾卡拉大教堂使命牧師
(Pastor of Mission Basilica San Diego de Alcala)

致 謝

我要特別感謝寶琳·賴特（Pauline Wright），他鼓勵我在幾年前開始寫日記和寫作。她教我如何聆聽聖靈。從那以後，我每天都在寫日記。

我要感謝安吉·萊克 (Angie Lake)，她在女性基督徒團契聖經研究中教會了我很多東西。她啟發了我在閱讀聖經後沉思並寫下上帝的異象和啟示。

我永遠感謝幫助我完成手稿的好朋友傑基·埃金頓（Jackie Eginton）、凱薩琳與丹·克雷默（Kathryn & Dan Kremer）以及托爾·斯特羅姆（Thor Strom）。他們花了很多時間做出更正和建議。感謝裘蒂·奧康納（Judy O'Connor）在為我設計書籍封面方面做得非常出色。我的朋友基蒂·莫爾斯（Kitty Morse）和卡羅爾·布魯姆（Carole Bloom）寫了很多書，給了我很多有用的建議和鼓勵。

沒有那些為我祈禱並鼓勵我的醫治禱告牧師，這本書永遠不會寫成。他們對我的愛和支持是無價的。我特別要感謝海倫娜·金（Helena Kim）、珍妮絲·納德勒博士（Dr. Janice

Nadler）、寇里·格雷斯(Cory Graces)、凱西·勞森(Kathy Lawson)、瑪麗·安·斯凱勒（Mary Ann Schuyler）和許多其他醫治事工的朋友。

非常感謝我的家人，尤其是我的岳母陸林淑儀（Grace Loh）、我的女兒陸娉佳（Christina Loh）和我的兒子陸仁佳（Derek Loh）的鼓勵和支持。特別感謝我的姐姐鄒李南珍（Helen Tsou）和我的弟弟李道中（Thomas Lee），他們對上帝的信仰和愛是我效仿的榜樣。

最後但並非最不重要的一點，我要感謝天父上帝賜予我的聖經，其中包含了我日常默想的生動話語。感謝耶穌，感謝你的智慧之言。沒有聖靈，這本書永遠不會成為現實。

引言

您希望有一個朋友給您打電話並開始不停地說啊說嗎？當他或她說完之後，他們就掛斷電話，並且永遠不會給您回答的機會。這是許多人與上帝交談的方式。我們很少費心去聽神要對我們說的話來回應我們的禱告。耶穌呼召我們成為他的朋友。然而，我們中的許多人永遠不知道如何聽他的話。

幾年前，我們的音樂總監兼治癒祈禱部長寶琳·賴特 (Pauline Wright) 在我們在聖詹姆斯 (St. James Church) 教堂的一次治癒服務中為我祈禱。她告訴我，她看到我頭頂上有一支鋼筆，上帝在呼喚我開始寫日記。從那天起，我每天早上都會閱讀每日彌撒的聖經讀物，並聆聽我覺得上帝通過聖經向我啟示的內容。然後我在日記中寫下我的感想。

在那段時間裡，我參加了由安吉·萊克 (Angie Lake) 領導的聖伊莉莎白·塞頓教堂 (St. Elizabeth Seton Church)的婦女基督教聖經研讀團契。每個星期我們都有家庭作業。在每一頁的末尾，我們必須寫下我們的沉思和啟示。這個練習幫助我學習如何更深入地聆聽上帝的聲音。

一開始，我的日記頁面充滿了我自己的想法，很少有來自上帝的話語。到第二年，我能夠越來越多地聆聽上帝的話。漸漸地，我不再寫自己的反思，整個頁面都變成了上帝通過文字或異象告訴我的。當我告訴他們我正在記錄上帝對我說的話時，許多人常常感到驚訝。耶穌說：「我一直與你們同在，直到這個時代的末了。」（馬太福音 28:20 新普及譯本）他整天都在和我們每個人交談。我們在聽嗎？我們是如此忙碌，並被周圍的世界分心。要完全安靜才能聽到主的聲音並不容易。

在聖經中，許多經文都邀請我們聆聽上帝的聲音。　「你們當聽從我的話，我就作你們的上帝，你們也作我的子民。」　（耶利米書 7:23和合本）「惟願今天你們聽從他的聲音。」（詩篇 95:7新普及譯本）在變像中，上帝對三個門徒彼得、雅各和約翰說：「這是我親愛的兒子，他讓我滿心歡喜，你們要聽從他。」（馬太福音 17:5新普及譯本）我們如何自己去實踐呢？

對我來說，早晨是默想和聆聽上帝的最佳時間，因為這是我一天中最安靜的時間。我通常在早上 6 點左右醒來。我做的第一件事是每天至少閱讀兩次彌撒經文。然後我選擇一個對我說話的句子。那天我選擇一兩個詞進行默想。接下來，我靜靜地坐著，祈求聖靈**打開我接受神的話語**。通常在幾分鐘或完全沉默後，我會聽到上帝在我的靈裡對我說話。我用紅墨水寫神的話。我自己對上帝的任何回應或問題都是用不同顏色的墨水寫的。這樣，當我隨時重新閱讀日誌項目時，我知道紅色的字詞是我覺得上帝在那一天賜給我的字詞。他的話就像一把兩刃的劍。它們很強大。當我重讀我的舊日記時，上帝的話仍然以一種非常有意義的方式對我說話。

這裡有一些建議可以幫助你開始寫日記：

1. 要進入聆聽的心情，找一個安靜的地方，在那裡你可以不受干擾地記日記。

2. 坐直，緩慢而深呼吸幾次。

3. 放鬆，感受上帝的同在。

4. 邀請聖靈來引導和光照你。

5. 慢慢地閱讀當天的經文或聖經中的任何一段，讓文字對你說話。仔細閱讀兩遍，注意這些詞對你的影響。

6. 閉上眼睛，保持靜止。專注于耶穌或父神或聖經中的資訊。

7. 拿起你的筆。在你的頁面上注明日期，並寫下你的名字，就像上帝直接向你口述一封信一樣。然後，把你想到的寫下來。不要擔心拼寫錯誤或語法錯誤。

8. 寫完之後，感謝上帝向你啟示的，並重新閱讀你寫的所有內容。

起初，你可能只有幾個詞或幾個句子。不要氣餒。漸漸地，您將能夠寫一兩頁。您可能聽說過"一張圖片勝過一千個單詞"。有時上帝會給你一個異象或場景，而不是言語。由於我是一個非常視覺化的人，上帝經常以這種形式對我說話。

你怎麼知道這些著作、異象和教導來自上帝？首先，你從上帝那裡得到的永遠不會與聖經相矛盾，因為主的話就是真理。神要向我們啟示真理。其次，我們慈愛的上帝不會譴責他，他總是在這裡肯定我們並教導我們，即使我們被糾正。耶穌說他來不是要定罪，而是要拯救。他想與我們建立親密的關係，讓我們知道他有多愛我們。第三，你會很高興你花了這半個小時與我們的主單獨相處，你會及時看到它結出好果子。我很確定你會驚訝于我們主慈愛的恩典。

通過寫這本書，我希望通過在過去幾年裡對我有很大幫助的日常日記的實踐，來激勵其他人聆聽上帝的聲音。通過每天早上與主單獨相處的時間，我現在感覺與上帝更親近，並且更加意識到上帝真的愛我。此外，通過默想聖經，彌撒對我來說變得如此有意義。一整天我都意識到上帝的存在。在許多方面，我聽到並經歷主對我說話。

我希望這本書能鼓勵你開始寫日記。正如上帝賜福我的安靜時光，你也一定會得到祝福！願聖靈引導你，讓你充滿智慧和喜樂！

祝福和祈禱，
陸李南玖

一月

一位承受產業的人

> "現在你們不再是奴隸，而是上帝自己的孩子。既然你們是他的孩子，上帝就使你們成為承受產業的人。"
>
> 加拉太書4:7（新普及譯本）

在異象中，我看見上主，我們的天父，站在耶穌前面。所有愛耶穌的人都環繞在耶穌的周圍。耶穌把我們帶到天父的面前，把我們介紹給他的父親，說我們是他的兄弟姐妹。上主對我說:"我寶貝孩子啊，每一位公開認我兒子的都必得救。現在你是我的孩子，將要繼承我已經為你計畫的一切。你將要享受永生以及超乎你能測度的平安。在天上你將被愛環繞。你將被稱為我所揀選的。每一次你呼叫我'阿爸'，我都會回應你，因為我已經任命你成為承受我產業的人。所以，要高興快樂。這是一個歡慶的日子！"

主啊，謝謝你收養我成為你的孩子。我滿心歡喜得以成為你神聖家庭（聖父，聖子，聖靈）中的一分子。

星

> "我們看見他的星升起，就前來朝拜他。"
>
> 馬太福音2:2（新普及譯本）

我的寶貝孩子啊，在你生命最低谷的時候，我就把自己顯明給你。我來到那些單純，窮困，全然依靠我的人。智慧的人能在世界裡以及在我的話語中找到我。我會像一顆星星一樣地引導你。你所需要做的就是抬頭看天。放開你在地上所有的欲望。像牧羊人和智者（和合本：博士）一樣有敏銳的觀察力。你會看到我並找到我，因為我將顯明我自己給所有尋找我的人。我以嬰孩的身份來到世上，完全不炫耀而且帶著滿滿的愛意。

　　　　我的耶穌，我渴望把你抱在手中。
　　　　我全心愛你。求你引導我走正路。

上帝的靈

> "你們可以這樣認出上帝的靈：凡是承認耶穌基督是成了肉身來的，那靈就是出於上帝。凡是不承認耶穌基督是成了肉身來的，那靈就不是出於上帝。"
>
> 約翰一書4:2-3（新譯本）

我的孩子，不要被這個世界給騙了。只有我的兒子，耶穌，是真神。他會帶領你到我面前。他是道路，真理，生命。任何信他的人都會有聖靈。奉耶穌的名祈求，他會將超越你能測度的慈愛，平安充滿你。他的名大有能力可以擊敗所有的邪惡。無論你奉他的名祈求什麼，他都會成全。不要因害怕而不去求告他。他非常喜歡垂聽你的禱告。他一定會回應你。任何時候，當你需要他，他會像一個好牧人一樣來拯救你。他會把你抱到安全的地方。他永遠會為你赴湯蹈火。

> 耶穌，我信任你。我知道你的靈就是真理。你是上帝的兒子。

從上帝生的

> "親愛的朋友們，我們要繼續彼此相愛，因為愛是從上帝來的。凡是愛人的，就是上帝的兒女，也認識上帝。"
>
> 約翰一書4:7（新普及譯本）

我的寶貝孩子啊，你是上帝的兒女。你是照著我們的形像和樣式造的。你是我們所愛的孩子因為你在母腹中就是在愛中受孕的。你在充滿愛的家庭中長大。你被每一個人培育和呵護。你得到的愛都來自於我，我是用永遠的愛愛你。現在去把愛傳給你的家人和朋友，特別是那些比你不幸的人。你已經被豐富地賦予。現在去把你有的和別人分享。讓伊利沙白·西頓成為你的榜樣。她也是一位母親，後來成立了仁愛修女會。去把我的愛傳給別人。

> 親愛的天父，為你的愛感謝你。耶穌，謝謝你為我死在十字架上。聖靈，謝謝你來到我心中。

上帝的羔羊

> "看啊，這是上帝的羔羊！
> 他要除去世人的罪！"
>
> 約翰福音1:29（新普及譯本）

我在異象中看見一隻小羊羔正要被殺，被煮，被吃掉。耶穌對我說，"我鍾愛的孩子，我被殺以至你可以活。我為你獻出生命以至你可以吃我的肉，喝我的血。沒有我，在你裡面就沒有生命。有了我，你就有豐盛的生命。一個充滿愛與歡笑的生命。一個充滿意義與目標的生命。一個充滿我喜樂的生命。你會感到平安，得到獎勵。你會有成就感因為你將會被我的聖靈充滿。他會指引你，保護你免受一切的傷害。他會帶領你走正路。他會賜你力量可以因我的緣故忍受艱難。你是我鍾愛的孩子，沒有什麼可以使我們分開。我愛你。"

> 主耶穌，謝謝你來到世上來
> 拯救我。我全心愛你。

食物

> "你們給他們吃的吧！"門徒問:"拿什麼
> 給他們吃呢？我們要工作多少個月，才
> 能賺到足夠的錢買食物給這麼多人！"
>
> 馬可福音6:37（新普及譯本）

我最親愛的孩子，我從來都沒有要你給出超過你所能承擔的。我只要你和那些有需要的人分享你所有的。我可以把我門徒有的一點點魚和餅翻好多倍去喂飽五千個男人。不管你拿多少出來和別人分享，你總會有足夠的留下來給你自己。這點你可以相信我。我的門徒得到十二籃子的剩餘。每一個門徒得到的都比他給出去的多。你現在理解我了嗎？施比受更為有福。大方地給那些向你祈求的人。你在天上的獎賞是大的。

> 耶穌，求你給我一顆像你一樣
> 慷慨的心。幫助我總是願意跟
> 別人分享你所賜給我的。

殺人犯

> "那恨弟兄姐妹的，其實是在心
> 裡殺人；而你們知道，凡是殺人
> 的，在他裡面就沒有永生。"
>
> 約翰一書3:15（新普及譯本）

恨毀滅生命；愛給予生命。永遠選擇饒恕與愛。不容許恨進入你的心。要用同情與憐憫來充滿你的心。恨來自惡者。它像毒藥一樣會毀滅靈魂。選擇生命，愛，及喜樂。我來到世上，不是來定罪，而是來關愛。接受我的愛，這樣你對別人的愛就會增加。我是供應給你愛的無限泉源。

> 主啊，把你的愛更多地賜給我，使
> 我可以愛那些無法愛我的人。

對上帝的無知

> "凡不認識天主的人，都是真正的
> 愚人，因為，他們未能從看得見
> 的美物，去發現那自有者。"
>
> 智慧篇13:1

在異象中，我看到一個服務員把一個大盒子送到一位女士面前。她非常高興接到那禮物，都忘記去問那個禮物是從哪裡來的。耶穌對我說:"我的孩子，這就是這世上愚蠢人的光景。他們欣賞我所創造的大自然以及這世界的美麗，但是從來都不認我這位造物者。只有智慧人知道所有一切都來自天父，他喜愛豐富地把好東西給他的孩子們。但是孩子，你認識他，你也愛他勝過世上的一切。他是你周圍所有好東西的賜予者。你的每一樣東西都是從他而來。愛他並且珍惜他勝過其他所有。一天你會面對面與他見面，那時你會被他的榮美和他對你的愛而震驚。"

> 我的上帝我的上主！你是我的創造者，也
> 是我的所有。沒有什麼可以與你相比。

尊榮

> "耶路撒冷啊，起來吧！願你的光輝照耀，使眾人看見！因為上主的榮耀升起來照耀你。"
>
> 以賽亞書60:1（新普及譯本）

我寶貝的孩子，為了要使你能接受我的光，你需要天天悔改與認自己的罪。當你被潔淨，成為一塵不染，我的光就可以透過你照到其他的人。我的孩子啊，我非常喜悅你，特別是當你倒空自己來聆聽我的聲音的時候。你清除了自己的日程計畫，讓出空間給那些需要我的愛的人。去吧，成為我的光。

> 主啊，願意讓你的光透過我去照亮別人。願我的靈魂得以尊榮我的上主我的救主。

愛與賜福

"他必會愛你，賜福給你，
使你的子孫眾多。"

申命記7:13（新普及譯本）

當我的門徒要打發眾人離開時，我告訴他們要
給眾人吃的。同樣的，我要你去愛和祝福每一
個人，並且我會十倍地增加你的愛和祝福。但
是，你需要先把你有的給出去。當你與我合
作，並且信靠我的時候，我就能行神跡。我要
賜福，並供應你的需要。因為你，你的孩子，
你的孫子都會得到祝福。

主啊，打開我的心，打開我的
手。讓我能像你一樣地對所有
的人都滿有愛心和慷慨。

眾天使

> "上帝所有的天使都要敬拜他。"
>
> 希伯來書1:6（新普及譯本）

無論我在哪裡，我的眾天使都圍繞著我。當我出生的時候，他們在那裡。他們向野外的牧羊人宣佈我的誕生。當我一個人在<u>客西馬尼園</u>受苦禱告時，他們在那裡。我的門徒都太疲倦了，無法跟我一起禱告。他們全都睡著了。但是我的眾天使幫助我給我鼓勵。當你出生的時候，你的眾天使也在那裡照顧你。他們在你人生的道路上引導你，特別是在你有需要的時候。他們愛你保護你。他們會促使你與我更親近。他們將引領你走正路。他們在那裡服侍我也服侍你。他們就是為了你為了我而被造。

> 我的護守天使今天與我同在。引領我到耶穌的心。讓我永遠不與他分離。

另外七個邪靈

> "便找來七個比自己更邪惡的靈，一起進入那人的身體居住。這樣，那人的情況比以前更糟糕了。這個邪惡的世代也會有同樣的遭遇。"
>
> 馬太福音12:45（新普及譯本）

我的寶貝，有善良的靈與邪惡的靈。那些善良的靈是仁愛的靈，同情的靈，憐憫的靈，友好的靈，溫柔的靈和忍耐的靈。那邪惡的靈是貪心的靈，怨恨的靈，嫉妒的靈，憤怒的靈，貪欲的靈和懶惰的靈。讓聖靈充滿你，就沒有空間給這些邪靈居住到你的靈魂中。將你的眼目盯住，緊緊地跟隨我。只有這樣，才能不讓邪靈入侵。謹守誡命，做對的事情。不讓任何事物讓你分心離開我。只把空間留給我。與我在一起，你就不會懼怕任何的事情。

主耶穌，求你來。住在我心中。讓我永遠不與你分開。讓我與你合而為一。

受洗

> "耶穌從<u>加利利</u>來到<u>約旦河</u>，
> 要<u>約翰</u>為他施洗。"
>
> 馬太福音3:13（新普及譯本）

我的寶貝孩子，不要為你的孩子擔憂。他們也是我的孩子。我與你一樣迫切地想要他們擁有聖靈。但是他們自己必須先降服在上帝面前，就像我在<u>約旦河</u>前一樣。然後，上帝，我的父親，將要把聖靈澆灌在他們身上。每天繼續為他們禱告。不要放棄。在適當的時候事情就會發生。

上帝，謝謝你愛我及我的家人。我知道你對所有我愛的人的未來都有最好的計畫。主耶穌，我信任你。

璀璨光輝的冠冕

> "你是上帝手中璀璨光輝的冠冕，上
> 主要用手托著你，讓所有人觀看。"
>
> 以賽亞書62:3（新普及譯本）

我喜愛你。我喜歡用我的手抱著你。你的純真像朵百合花。我喜歡注視你的內在美。你知道如何去愛。你是順從的。在我眼中，你是非常珍貴的。我愛你勝過你的孩子愛你。我喜愛你成為我的新娘。我永遠會與你同在，在你做的一切事上，我會引導你。我關心你生命中所有的細節。你是屬於我的。

> 主啊，我是屬於你的。我把我的心，
> 我的一切都獻給你。使我緊緊地靠近
> 你的心。讓我永遠感受到你的愛。

大清早

> "大清早，天還沒亮，耶穌就起來去一個偏僻的地方禱告。"
>
> 馬可福音1:35（新普及譯本）

在異象中，我看見自己在荒野裡坐在耶穌的旁邊。我們兩個看著太陽慢慢地升起來。天空充滿了美麗的金色光芒。就在這個時候我們兩個都知道上帝正與我們同在。耶穌對我說，"我的寶貝孩子，在靜默中你會聽到我對你的心說話。當你安靜地坐在我旁邊，你會領悟到我爸爸對你極大的愛。你是他眼中的瞳仁。你如果緊靠著他他會庇護你不受到任何傷害。他會保護你一輩子。只有罪才能使你與我們隔開。常常跟我到荒野的地方去享受你周遭的美麗。只有在那時候你才會發現你的真我。

> 我的耶穌，開我的眼使我在我去的每一個地方都看見你。教我如何禱告。開我的耳和我的心，使我可以更清楚地聽見你。

願意

> "耶穌動了憐憫之心，就伸手摸他，說：'我願意，你痊癒吧！'"
>
> 馬可福音1:41（新普及譯本）

我的寶貝孩子啊，是的，我願意每一個人都得到醫治與拯救。但是你必須來到我面前來向我祈求。你必須悔改並在你一切所行的事上轉向我。否則，那醫治不會有效果。許多疾病的根源是罪－別人的罪以及你自己的罪。所以，第一步是要悔改並且去接受我對你的旨意。得到醫治以後，把好消息傳給所有願意聽的人。告訴他們你怎麼得到醫治的。把他們帶到我面前，讓我也可以醫治他們。

> 謝謝你，主啊，醫治我的肺結核，潰瘍，癌症，風濕，以及許多其他的疾病。你真是我的醫治者與救贖主。

罪人

> "健康的人不需要醫生，有病的人才需要。我來，不是要召喚自以為義的人，而是要召喚那些自知有罪的人。"
>
> 馬可福音2:17（新普及譯本）

我的寶貝孩子啊，我來是要召喚罪人，因為他們知道他們需要我，那是第一步。離開我，你們什麼都不能做。有了我，所有的事情都是可能的。一個悔改的罪人會同情及饒恕別人，因為他從我這裡領受到了憐憫與饒恕。如果一個人從來都沒有被愛過，要他去愛別人是不可能的。自以為義的人認為他們什麼都有了，而悔改的罪人會緊緊地抓住我，尋求我的愛。

主啊，我是一個罪人，我需要你的饒恕和憐憫。求你永遠與我同在。

聆聽

"上主啊，請說，僕人在聽。"

撒母耳記上3:9（新普及譯本）

任何時候你問我問題，我都會回答你。所以，不必害怕問。我會在你身邊支持你。向我問路，我會給你指明。請求我引導，我會引領你到那裡去。向我祈求你的需要，我會供應你。向我求聖靈的果子，你就會有那些果子。所以，熱切地聆聽我，你就會聽到我的聲音。

主啊，我在這裡。我在聆聽。請對我說。
將你的聖靈賜給我，我就會得到更新。

山

> "後來耶穌上了山，召喚他想帶在身
> 邊的人，他們就來到他跟前。"
>
> 馬可福音3:13（新普及譯本）

在異象中，我看到耶穌與我一起走上一座山。那時，我爬得很辛苦，但是我發現我帶的（我的憂慮和我的罪）越少，爬得就越輕鬆。爬山時我唯一需要的就是水—耶穌的活水—就是他的恩典。耶穌就是道路—他指引我。耶穌是我的光—他照明路徑。耶穌用他的杖和他的杆保護我。他支撐我。

> 主耶穌，謝謝你呼召我跟你一起
> 上山。你呼召我，我就跟隨你。
> 沒有你我是爬不到山頂的。

安息日的主

> "因此人子是主，更是安息日的主！"
> 馬可福音2:28（新普及譯本）

我的寶貝孩子啊，永遠來到我面前，安息在我裡面。安息日是分別出來的一天，讓你與我在一起有安靜的時間，使我可以讓你恢復疲勞，得到更新。當你跟我在一起，你不需要害怕。我要把你浸泡在我的活水裡。你會感到活力恢復，準備好可以去服侍，去遵行我的旨意。那是為什麼遵守安息日很重要。因為你若不花時間跟我在一起，你就不能做什麼。你每天都需要用我的恩典重新充電。我是你的能力，你的生命。所以來吧，安息在我裡面。

主啊，謝謝你給我們安息日，有一天可以休息，也是分別為聖的一天可以花時間與你親近。你是我的主，我的上帝。

鐵石心腸

> "耶穌怒目環視他們，並為他們的鐵石心腸深深地難過。"
>
> 馬可福音3:5（新普及譯本）

我的孩子，法利賽人令我生氣並且難過，因為他們對我，對其他人都沒有愛。他們只注重遵行律法，而不是愛人。我是一位愛的上帝。如果你把愛放在第一位，你就不會使我傷心難過。每一次當你愛人時，你就像我的孩子。身為一個上帝的孩子，你就會在天上與我一起繼承永遠的生命。所以不要讓你的心剛硬，要以愛心，憐憫，及同情心來彼此相待。當學我的樣式。

主啊，賜給我更多你的愛和同情心。這樣，我才能夠像你愛我那樣地去愛其他的人。

智慧

> "她說話時，言語帶著智慧；
> 　她的教誨充滿慈愛。"
>
> 箴言31:26（新普及譯本）

我的寶貝孩子啊，學學我的母親馬利亞。她總是很有愛心，說話充滿智慧。學習少說話，把事情多放在心裡默想。你講的每一句話在你死的時候都會重播給你聽。所以說話要慎重。話語是大有能力的。它們可以帶來醫治或者帶來傷害。總是要對別人說愛和祝福的話。

> 馬利亞，我的母親，請為我禱告。幫助我說出對別人祝福的話，及帶給他們靈魂的喜樂。

新酒

> "新酒要裝在新皮囊裡。"
>
> 馬可福音2:22（新普及譯本）

這新酒就是聖靈。他被澆灌在我的門徒，我的母親馬利亞和其他的人裡面。他們敞開，願意接受。他們樂意去改變，去擴張。他們很靈活，願意去傳揚我的福音給別人。他們隨著聖靈一起成長。我的孩子，他們是很好的模範讓你去效法。如果你要喝這新酒，你必須對生命，對其他人有一個新的心態。我的酒會將喜樂帶到你的心中。你會有新的眼光看人事物。你將會吃驚，你對生命的展望會有何等的不同，幾乎像是住進了樂園裡。因為我的酒會給你力量去實行我要你為我做的事情。它會使你精力充沛，大有能力。你會因喜樂而感到輕鬆愉快。所以要祈求得到這新酒。

主耶穌，你是我的喜樂，我的生命。在你裡面，我找到真正的幸福快樂。求你用你的聖靈來充滿我。

光

> "我要使你成為外族人的光，你也
> 要把我的救恩帶到天涯海角。"
>
> 以賽亞書49:6（新普及譯本）

我的寶貝孩子啊，總要將油燈裡的油預備夠。若沒有油了，就沒有光了。那個油就是聖靈和我的恩典。勤讀聖經，不住的禱告，與我親近。唯有如此，你才能與我和聖靈步調一致，心靈相通。沒有聖靈與我，你就沒有光去引導其他人到上帝那裡去。離開我，你就什麼也不能做。你要成為我的光和愛。

> 主啊，將你的油更多地賜給我。
> 這樣我的光才不會熄滅，其他的
> 人才能被引領到你的面前。

傳揚福音

> "你們要到世界各地去,向
> 所有人傳揚福音。"
>
> 馬可福音16:15(新普及譯本)

我的孩子,你若更多與我在一起有安靜的時間,你就會有更多的勇氣向人傳揚我的福音。我會讓你有深刻的瞭解和知識的言語使你知道當如何去接近人,使他們願意聆聽你。在接近別人之前,若要有效地將福音傳給別人,當先問我要如何去向他們說。"

慈愛的天父,給我勇氣和膽量去向我所遇到的每一個人傳揚這好消息。

接受憐憫

> "讓我們坦然無懼地來到我們施恩上帝的
> 寶座前,接受他的憐憫,我們就會在最需
> 要恩典的時候,尋得恩典,得到幫助。"
>
> 希伯來書4:16(新普及譯本)

當你的家人傷害你的時候,你會饒恕他們。難
道我不是這樣對待你嗎?因為你是我的寶貝孩
子,我愛你勝過你的親朋好友。我會一直地饒
恕你。每次你得罪我的時候,我都非常的心
痛。為此,我遭受苦難而且死在十字架上。來
到我面前,我要洗淨你。我要治好你所有的自
私,和缺乏的同情心。我要改變你的心,給你
一個新的心。我要修復你成為我當初造你的模
樣,因為你是我所寶貴的。我愛你。

> 主啊,賜我憐憫。基督啊,憐
> 憫我。我實在不配你為我所做
> 的一切。我是一個罪人。

悔改

> "你們要從罪中悔改，歸向上帝，因為天國臨近了！"
>
> 馬太福音4:17（新普及譯本）

我親愛的孩子，如果你真正知道罪的嚴重性，你就會逃避它像躲避瘟疫一樣。罪使你慢慢地轉離我。在你不知不覺時，你就背向了我。每次當你犯罪時，就像是向我丟泥巴，好像那些羅馬兵丁打我的臉。所以，一定要悔改。只有藉著悔改，你才會改變。若不悔改，你會繼續犯罪，而且遠離我。"

主啊，我冒犯了你，我真心地對不起你。請求你賜我恩典使我不再犯罪。

陆李南玖

遵行你的旨意

> "上帝啊！看，我來了，為
> 了遵行你的旨意。"
>
> 希伯來書10:7（新普及譯本）

我的寶貝孩子啊，你先需要拋棄你自己的主見，才能遵行我的旨意。然後，你需要背起你的十字架來跟隨我。不要怕為我受苦，要歡喜快樂，因為你要得的獎賞是大的。遵行我的旨意，你就在幫助我建立我的國度。當天我要你做什麼，每天必先求問我。你就是我的手，我的腳。

> 主啊，我在這裡。我來是要遵行你的旨意。給我勇氣讓我每次都能對你說"主啊，我願意。"

肥沃土壤

> "至於落在肥沃徒壤裡的種子，是指有些人聽了上帝的道就接受，並且結出碩果累累，是撒下去的三十倍，六十倍，甚至一百倍！"

馬可福音4:20（新普及譯本）

用我的活水讓你的土壤保持濕潤。若無水分，沒有東西能夠生長。要經常除草，不容許惡者搶奪你土壤中的養分。勤耕你的土壤，使它柔軟，讓你成為樂於接納，滿懷憐憫，謙卑待人，而且有同理心的人。不但能結果，也要有美麗的花朵。

主啊，求使我的土壤更加肥沃，使我能夠為你的榮耀和尊貴結出更多的果實。讓我時時預備好為你綻放。

信心

> "信心就是相信我們所盼望的必
> 定實現，信心也使我們對不能
> 看見的事有確實的把握。"
>
> 希伯來書11:1（新普及譯本）

你難道不知道，若有了我，任何事情都是可能
的嗎？我能掌管每一樣東西，甚至於風和暴
雨。門徒們非常害怕以為他們要在暴風雨中淹
死了。他們有我和他們一起在船上，而他們依
然擔心焦慮。我的孩子啊，當你真正認識到我
住在你的裡面，你就不會恐懼或憂慮了。我掌
管一切，沒有邪惡可以臨到你身上。

> 我的耶穌，求你增加我的信心，
> 使我能夠全然信任你。讓我在
> 內心能夠感受到你的同在。

量器

> "你們用什麼量器量給別人，也就用什麼量器量給你們。"
>
> 馬可福音4:24（新普及譯本）

在異象中，我看見自己穿著圍裙，手抓著圍裙的兩角，讓耶穌從他大圓托盤中將許多種子倒進我的圍裙裡。每當我把種子撒出去時，他就給我更多。那是非常開心的，就像在玩遊戲，充滿了歡笑和喜悅。耶穌對我說，"我忠心的僕人，去傳揚我的話確實是一件喜樂的事。你給出去的越多，你得到的也越多，因為我的話是有能力的，像一把兩刃的利劍。我的話會改變生命，可以使被擄的得釋放也使他們脫離過去所犯的罪，能更新他們，使他們振作起來，領他們進入我為他們每人特別準備的豐盛生命裡。現在去吧，向你遇到的每個人傳達我的話。"

主啊，我在這裡。我來遵行你的旨意。你的話就是我腳前的燈。

二月

有信心

> "你們為什麼害怕呢？還
> 是沒有信心嗎？。"
>
> 馬可福音4:40（新普及譯本）

我的寶貝孩子，在人們看起來毫無希望的時候，不要害怕用手觸摸他們，為他們得到醫治而禱告。要相信我，我是你的上帝，是生命的創造者。我創造了地上的每個人。我可以賜下生命即使是枯骨也可以活起來。只要有信心，每件事都是可能的。對我有信心，我就可以行所有的神跡。沒有信心，我就什麼都做不了。不要害怕去祈求任何的醫治。

> 主啊，賜我更多的信心。用
> 你的愛與憐憫充滿我。

掛慮

> "我希望你們不要為今生掛慮。"
>
> 哥林多前書7:32（新普及譯本）

我住在你的心裡，不要有任何的掛慮。我會允許任何傷害臨到你嗎？絕對不會！即使你穿過大火，你也不會被燒傷。信靠我。我一定會拯救你，保護你。你絕對不會孤單。我密切注視你就像我自己眼中的瞳仁。我會將你小心地緊緊握在我的手心裡。專注看著我，像向日葵面向著太陽一樣。你將永遠在我注視的目光之下。

> 主啊，求你把我靈魂裡所有的掛慮都除去。幫助我更多地信靠你，因為你是我生命的中心。

誇耀

> "如果你想誇耀，只應誇耀上主。"
>
> 哥林多前書1:31（新普及譯本）

我愛的孩子，我從什麼也沒有創造了你。你若認識到自己什麼都不是，你就真實地成為你了。每樣東西都是屬於我的。所以不要為你的成就而感到驕傲，因為離開了我，你什麼都不能做。但是有了我，你凡事都可行。沒有事情是我做不到的。我是愛你的上帝。

> 主啊，我所擁有的一切都是從你而來。讓我再也不誇耀我自己，讓我所說的每一句話都榮耀讚美你。你是我的主，我的上帝。

管教

> "你們忍受上帝的管教時，要記住他
> 待你們就像待自己的兒女一樣。哪
> 有孩子從來不受父親管教的呢？"
>
> 希伯來書12:7（新普及譯本）

我的孩子，你看過了一個又一個的神跡。你知道我有多愛你，我願意把最好的給你。所以要安靜下來，不要為任何事情擔憂。每一個臨到你身上的試煉都是要管教你，使你成為更好，更聖潔的人。我愛你，你是我珍貴的孩子。我會保護你不受到任何的傷害。我會賜力量給你去忍受所有的苦難。不要怕。我永遠與你同在。

> 主啊，給我平靜與耐力去面對所有
> 的試煉。我知道你是多麼地在乎
> 我。我將一切都降服在你面前。

交待清楚

"把你管理的事項都交待清楚。"

路加福音16:2（新普及譯本）

我所愛的孩子，若想要將你生命中每一件事完全交待清楚，就要每天與我一同默想你的行動，話語和思想。當你被喜樂和愛充滿時，就是你與我非常親近的時刻。當你與我疏遠的時候，你就會憂傷，不能肯定自己。每一天與我一起活在你的心裡。這樣，你就不會為任何的話語，行動或思想而懊悔。你做的每一件事只是為了討我的喜悅。因為你知道我會看見你生活中的每一個細節，我會隨時支持你，維護你。在你心中的每一個思想，都是從我的話來的靈感，而且你的每一句話都要榮耀我。把每一天都活成好像是你人生的最後一天，這樣你就清楚完成了我託付交待給你的事項。

主啊，憐憫我。永遠與我同在。絕不與我隔離。我單單要為你而活。

深深懊悔

> "王為自己所講的話深深懊悔，但他已經在眾賓客面前起了誓，便無法拒絕她。"
>
> 馬可福音6:26（新普及譯本）

每一個行動都有後果。滿有愛心的行動將會結出許多果子，而傷人的行動就會傷害別人。在你採取任何行動之前，你最好先求問我，並且等我的回答。有時候擁抱十字架是很困難的。許多人想要走那條容易的路。但是愛心的行動必須要犧牲和舍己。在你所做的一切事上，要學我的樣式。讓我的愛在你身上發光去照到別人。這樣你就不會對你的行動產生後悔與懊惱。

> 主啊，我要一直地跟隨你。說明我天天學你的樣式。讓我的行動可以讓別人感受到你的愛。

僻靜的地方

> "我們自己去一個僻靜的
> 地方休息一下吧！"
>
> 馬可福音6:31（新普及譯本）

我的寶貝孩子，當你單獨跟我在一個僻靜的地方，我就能夠在那裡更新你，恢復你的精力。你能在我裡面安息因為我的軛永遠是容易的，我的擔子是輕省的。我不會給你過於你能夠處理的擔子。所以要常來單獨與我在一起。我會賜你勇氣繼續向前行。我會給你新的眼光和格局來看事情。我喜歡單獨與你共度珍貴時光。即使在幫助別人之後，我都需要一點休息。一直不停地持續付出而沒有用我的愛來補充是不行的。你需要更加堅強地去抵擋那惡者。你必須符合我天父的旨意去做每一件事情。否則一切都是白費的。所以，來到我裡面安息。

> 主啊，我在這裡。請對我說話，安慰我，
> 鼓勵我以及更新我。我是屬於你的。

驕傲

> "驕傲的開端，始於人背離上主，始於人心遠離自己的創造者，因為驕傲是一切罪惡的起源；固執於驕傲的人，散佈可憎惡的事，有如雨點，最後必使他喪亡。"
>
> 德訓篇10:14-15

在異象中我看見一個小孩子一邊跺腳，一邊說："我自己一個人可以做！"上帝對我說："我的孩子，任何認為他自己是自給自足，不需要我，就像你在異象中看到的那個小女孩一樣。在你心中你知道沒有我你不能做成任何事情。驕傲是一切罪惡的起源。驕傲在跌倒之前。驕傲使人認為他比他真正的自己更好。他認為他什麼都知道。這些就是傲慢和自負的跡象。但是你，我的寶貝孩子，知道沒有我你什麼都不是。你擁有的每一樣東西都是我的。我從塵土中創造了你，你也必回歸塵土，我是你的製作者與造物主。

> 愛我的爸爸，我感謝你照著你的形像造我，使我能像你。你是我的造物主，我的救主。我所有的一切都屬於你。

人的傳統

> "你們不理會上帝的律法，卻用
> 你們自己的傳統取而代之。"
>
> 馬可福音7:8（新普及譯本）

在異象中，我看到一個非常美麗的耶誕節背景，一顆漂亮的聖誕樹掛著花環和許多小燈泡。但在這異象中的人卻是冷淡，彼此疏遠。完全沒有溫暖和關愛。耶穌對我說："現在你瞭解到什麼叫做僅僅遵循傳統，卻沒有實質。沒有愛，你做的每一件事都是像空洞的鑼。沒有目的也沒有意義。希望你為別人做的每一件事情都充滿了我的愛。沒有我的愛，就無法帶領他們與我更親近。那只會帶給你自己榮耀。有了我，你就能彰顯生命因我而發生改變的愛給別人。去，在人群中，做我的心。

主啊，你愛的律法是比人所設立的律法更為重要。求你用你的愛來充滿我。

內心

> "這些人用嘴唇尊敬我，內心卻遠離我。"
>
> 馬可福音7:6（新普及譯本）

我的孩子，行動勝於言語。這些人只是禱告，卻什麼也不做，就是只用嘴唇來敬拜我的人。禱告應當帶出行動。沒有行動，禱告就是空洞的話。當我創造這個宇宙時，我說話，世界就成為真實。你的禱告也當如此。無論你為什麼禱告，你必須要有行動跟上。否則你的禱告是枉然的。我要的是你的心。任何事情若不存著愛來做，都是無用的。那是自我驕傲。

主啊，我樂意遵行你的旨意。
我要全心愛你，尊榮你。

一個支派

> "為了我的僕人<u>大衛</u>，也為了我揀選的<u>耶路撒冷</u>，我要讓你的兒子作一個支派的王。"
>
> 列王記上11:13（新普及譯本）

<u>大衛</u>的心總是與我非常親近。<u>大衛</u>愛我，為他所有的罪悔改，而<u>所羅門</u>的心卻被他非<u>猶太</u>人的妻子奪去，他的心轉離了我。我的孩子啊，最在乎的就是一個人的心。第一條誡命就是愛我勝過一切，除我以外，沒有別的神。許多人說這個人將來會去天堂因為他是個好人。他們忘記了，那最重要的誡命就是愛我勝過一切。而第二條誡命是愛你的鄰舍像愛你自己一樣。

主啊，只有你是我的上帝。
我要盡心盡性地愛你。

聾子聽見

> "他甚至使聾子聽見，使啞巴說話！"
> 馬可福音7:37（新普及譯本）

我所愛的，我會一直向你說話，但是你只能在你安靜，傾聽的時候才能聽見我。有六個S開頭的英文字：Sit 坐下, Still 不動, Silence 靜默, Solitude 單獨, Simple 簡單以及Surrender 降服。按這六個字去行，你就會聽見我。只有在靜默中，你才能聽見我的聲音。如果不靜默，這世界的噪音就會蓋過我微小溫柔的聲音。這是為什麼先知常常要去僻靜的荒野去禱告，這樣才能聽見我。每個人如果靜默下來與我合而為一就都可以聽到我的聲音。我會在你一切所行的事上，引導你，帶領你。在這四旬齋（復活節前46天期間）期間，多花一點時間單獨與我在一起。你會與我有更深一層的關係。在你說話之前，伸出你接受我資訊的天線。如此，你才能成為我給其他人平安與慈愛的管道。當你說話時，真理會向所有人顯明。

> 主啊，我要聽你的聲音。開我的耳，使我能更清楚地聽到你的聲音。主啊，請說，僕人敬聽。

榮耀上帝

> "所以，無論你們吃什麼，喝什麼，
> 做什麼，都要為榮耀上帝而做。"
>
> 哥林多前書10:31（新普及譯本）

我親愛的，你是否看到一個小女孩總是把她最心愛的被被或是娃娃一直帶在身邊。希望你每天也像這樣把我當成寶貝緊緊地抓在手裡。　抓住我好像我是你的救生圈。跟我在一起做每件事情。每天在你所做的事上把榮耀尊貴歸給我。不要自己單飛，也不要去求自己的榮耀。只有在遵行我的旨意時你的生命才有意義。你若自己單獨地去建造一個房屋，那就是把房子建造在沙土上。很快的，水就會將它沖走。但是當你尊我為大行事，那就是把房子建造在磐石上。它永不倒塌。

> 我的上帝，我的主啊，我讚美你，
> 願榮耀歸你。我全人信靠你。

作完全人

> "然而你們要作完全人,因為
> 你們的天父是完全的。"
>
> 馬太福音5:48(新普及譯本)

在異象中,我看到一個漂亮的情人節紅心,在紅心的周圍有花邊和許多的裝飾。耶穌對我說:"我所愛的,要像這個情人節的紅心一樣的完美。要用完美的愛彼此相愛如同天父那樣。祂是非常大方的上帝。當你祈求時,他總是賜下比你需要的還更多。祂倍增五餅二魚,總是有許多的剩餘。我的天父就是要將這樣的愛給你,給每一個人。這就是完全的愛,永遠給予,永遠慷慨,永遠聆聽,去愛。完全的愛將會醫治所有的疾病,解決所有的困難。對你身邊的人,慷慨地去愛他們。願你愛別人能像天父一樣地完全愛你。"

主耶穌,將你的心賜給我。我愛你超過一切的人與事。我屬於你。請你做我的情人。

他嘆息

> "耶穌聽到後,就在靈裡深深地嘆
> 息,說:'這些人為什麼總是要看
> 神跡呢?我實在告訴你們,我不
> 會向這個世代顯那樣的神跡。'"
>
> 馬可福音8:12(新普及譯本)

我的寶貝孩子,為了要看神跡奇事而到我面前
來的人,不是愛我的人。他們只是要看我的能
力。他們不相信我是上帝的兒子,我有天父給
我所有的權能。我僅僅需要去說,事情就會成
就。我來到世上不是要彰顯我的能力,而是要
顯示我是多麼地愛你們每一個人。我在乎的是
你的健康,你的狀態。不要為神跡奇事而來,
要來尋求我的愛。

> 我的耶穌啊,看到你從靈裡深處的嘆息
> 讓我心痛。對於法利賽人的缺乏信心,
> 你必定非常地失望。他們只要神跡,
> 不要你對他們的愛。耶穌,我愛你。

生命的冠冕

> "上帝賜福給耐心忍受考驗和試探的
> 人，他們之後就會得到生命的冠冕，
> 這是上帝給那些愛祂之人的應許。"
>
> 雅各書1:12（新普及譯本）

在這一生中，就是會有試探。若有我的幫助，你可以勝過所有的邪惡。試探不是從我而來，是從撒旦來的。當我在曠野四十天時，也一樣受到撒旦的試探。當我們軟弱時，它就會出現。所以要用自律與禁食使自己強壯。經常與我親近，常常呼求我。當被試探時，要求助於我的聖名，我的聖名帶有能力，可以勝過所有的邪惡。我已經將你生命的冠冕保留在天上等著你。把焦點放在我身上，你就能跑完全程。我所愛的，來到我身邊。

> 主啊，求你永在我的身旁，因為
> 你是我的磐石，我的拯救。引導
> 我走正確的路。賜我力量去跟隨
> 你，幫助我勝過一切的試探。

禁食哭泣

> "因此，上主說：'趁著還有時間，你們現在就要轉向我，將你們的心歸我，禁食，哭泣，哀悼。你們不要哀傷地撕裂衣服，卻要撕裂你們的心。'"
>
> 約珥書2:12-13（新普及譯本）

我的寶貝孩子，我要的是你的心。當你完全地轉向我，那天就是我欣喜高興的一天。禁食可以幫助你的生活從淩亂變為整潔。它會使你更有愛心，更關心那些有需要的人。禁食會使你更清晰地感到我的同在。它會讓你在一切的需要上更加地依賴我。禁食不只是對你的靈魂有益處，對你的身體也有好處。貪心和暴飲暴食是兩大罪使人遠離我的愛。許多人裡面充滿了他們自己，導致他們裡面沒有一點空間給我。我所愛的，要為我禁食。

> 主啊，饒恕我常常犯罪得罪你。幫助我在這四旬齋期間去禁食並悔改。我的靈魂渴慕你的愛和你的同在。

舍己

> "若有人要跟從我，就當舍己，天
> 天背起他的十字架來跟從我。"
>
> 路加福音9:23（和合本）

在異象中我看到一個小小孩剛剛開始學走路。開始時，他邁出幾個小步，搖晃，不穩，慢慢地邁向他的父母親。耶穌對我說，"我所愛的孩子，這很像你屬靈的步伐邁向我。開始時，你必須邁出小小的步伐。雖然你可能會跌倒很多次，不需要憂慮或害怕。只需要爬起來，試而又試。最後你能走向我，跟隨我到任何地方。你將喜樂地跟隨我。你會放棄你自己的意願去遵行我的旨意。我會帶著你，引導你去我要你去的地方。但是，你必須向前走出第一步。把你的眼光注視在我身上，我會給你力量與智慧來跟從我。"

主耶穌，呼召我來跟隨你。無論你要我去哪裡，我都要跟隨你。

瞎子

> "他們到了<u>伯賽大</u>，有人帶來一個瞎子，懇求耶穌摸他並醫治他。"
>
> 馬可福音8:22（新普及譯本）

我的寶貝孩子，靠近我，讓我摸摸你，因為我的觸摸可以帶來醫治。當你靠近我，你就能夠從我的眼光去看到靈界的情況。你會知道真理，而真理可以使你得到自由。把其他的人帶到我面前，這樣他們也能見到我而且知道真理。這就像這個瞎子的視力一樣，真理會慢慢地向他們顯明。你花越多時間跟我在一起，你就會看我看得更清楚。

> 主啊，醫治我的瞎眼。使我看你更清楚。我渴慕與你面對面的那一天。

自以為義

"我來，不是要召喚自以為義的人，而是
要召喚那些自知有罪並需要悔改的人。"

路加福音5:32（新普及譯本）

在異象中我看見耶穌和法利賽人，律法教師，
稅官和十二個門徒在一起吃飯。有很亮的光環
繞著耶穌周圍。除了十二個門徒頭上有一點點
光以外，其他的人都在黑暗裡。耶穌對我說，"
門徒頭上有光是因為他們已認罪悔改。他們知
道他們需要我。而其他的人在黑暗裡，是因為
他們不明白自己是罪人。他們以為他們遵守律
法就可以得救。在他們心中，沒有任何愛的光
芒。因為他們的論斷及抱怨，他們在上帝的眼
中犯了罪。他們覺得自己比別人好，事實上，
他們是滿了驕傲。"

主耶穌，我承認我犯了罪，我生命
中需要你。求你除去我的驕傲和自
以為義。我需要你的憐憫和赦罪。

試探

> "魔鬼試探耶穌之後，便離開他，
> 等待下一次機會的到來。"
>
> 路加福音4:13（新普及譯本）

我的孩子，當你受試探的時候，不要去看魔鬼，只要把眼光定睛在我身上。沒有我，不要嘗試去做任何事。要像我一樣依靠聖經中的話語。當你陳述我的話，你就可以勝過一切的試探。你呼求我的名，那超乎萬名之上的名。惡者一聽到我的名字就會立刻逃跑。你只能服侍一個主人，不是我就是那惡者。要選我。我要給你豐盛的生命，而惡者只會傷害你。不要與惡者有任何的交往。每一次當試探臨到時，立刻呼叫我的名字。好像一個小小孩大聲叫媽媽。讓這成為你的本能。靠近我，我會保護你不受到任何傷害，你是我的。

主啊，握住我的手，以致我不會迷失或被惡者引誘去跟隨它。只有你是我的上帝。我單單要侍奉你。

你的罪

> "我，惟有我，要為自己的緣故塗
> 掉你的罪，絕不再想起它們。"
>
> 以賽亞書43:25（新普及譯本）

我的寶貝孩子，如果你知道罪是多麼地冒犯
我，你就絕對不願意再去犯罪了。罪就像是在
我臉上吐口水，棄絕我！罪就是轉身離開我，
遠離我。為了你的罪，我受盡鞭打，折磨，被
釘上十字架。罪的工價是死亡。避開犯罪的誘
惑。我已經將你所有的罪都饒恕了。行善，稱
頌上帝來開始新的一天。你越愛別人，你就越
被饒恕。

> 主耶穌，為冒犯了你，我真心地向
> 你道歉。憐憫我這個罪人。求你
> 幫助我避開將來犯罪的機會。

天國

"我還要把天國的鑰匙交給你。"

馬太福音16:19（新普及譯本）

在異象中我看見自己像一個新娘穿著白色的婚紗。在我頭上有一個美麗的鑽石頭冠。我的衣服和披肩上鑲有閃閃發光的小燈。　聖彼得拿著他的鑰匙站在天堂的珍珠大門口。寶座上是我的新郎，耶穌。前來伸出雙臂歡迎我。馬利亞站在他的旁邊，穿著淺藍色的水晶披肩。滿臉笑容熱烈的歡迎我。我走在走道上的時候，我看見我認識的人歡呼鼓掌。我也看到教會裡的許多朋友。他們都對著我微笑。我心中充滿了愛與喜樂。這是上帝賜給我最美麗的異象。

主啊，我讚美你，我愛慕你。我真是等不及要和你在天上相聚的那一天。聖彼得，請你為我禱告。

命令

> "使這孩子又聾又啞的靈聽著，我命令你從這孩子裡面出來，不許再進去。"
>
> 馬可福音9:25（新普及譯本）

我的孩子，如果有信心與禱告，每件事都是可能的。祈求，你就會得到，敲門，門就會向你打開，尋找，就會找到。當你為別人禱告時，要相信我已經聽見你的禱告，並會成就。祈求，不要遲疑，或懷疑我，對我要有信心。要看到我使死人復活，醫治病人，有我在你身旁，凡事都是可能的。要大膽地跨出去，相信我。你如果奉我的名命令邪靈出來，就必成就。

> 主耶穌，你使每一件事都成為可能。求增加我對你的信心。幫助我每天越來越信任你。

窮人

> "對一切窮人不要轉面不顧，這樣
> 天主也總不會轉面不顧你。"
>
> 多俾亞傳4:7

我的孩子，無論是什麼，你做在最小的一個人身上，就是做在我身上。許多人在物質上窮乏，一些人在靈性上窮乏，還有人在情感上窮乏。情感窮乏的人是那些不知道如何去愛的人，因為他們從來就沒有被愛過。所以你要去，成為我的手和我的心去服侍這些有需要的人。這個世界對愛饑渴，勝過食物。這個世界離我越來越遠。我的寶貝孩子，把他們帶回到我身旁。

> 主啊，是的。我要去為你去服侍那些
> 窮乏的人。為那些有需要的人，求
> 你將你的愛與憐憫更多地賜給我。

受很多苦難

> "人子必須經受很多苦難,他要被長老,祭司長和律法教師棄絕,還要被殺害,但第三天他要從死人中復活。"
>
> 路加福音9:22(新普及譯本)

愛與受苦是密切相連的。沒有苦難就沒有愛。透過苦難,你就明白我是多麼地愛你。這是為什麼我說,"背起你的十字架來跟從我。"透過十字架你就可以把你的生活從只愛自己轉成以我為中心的愛。你生活的態度都會轉變成以我的旨意為中心。每天你會選擇去做討我喜悅的事而不是你喜悅的事。苦難引向新的生活。

> 我的耶穌,知道你為我受了那麼多的苦,讓我非常痛苦。愛我的天父,幫助我跟隨你的兒子;我們的主與救主。千萬不要讓我與你隔開。

生長不良的灌木

> "他們就像沙漠中生長不良的灌木，未來完全沒有希望。他們要住在貧瘠的曠野，就是無人居住的鹽鹼地。"
>
> 耶利米書17:6（新普及譯本）

在異象中我看到一株生長不良的灌木，枯乾易碎。當火一來，立刻就被燒成灰。耶穌對我說，"當你不與我在一起，你就會很容易地被惡者毀壞。但是你若種植在我的旁邊，你就會有翠綠的葉子，結出許多果子，而且果子還會常存。那時如果火來了，你不會像這株生長不良的灌木，毀壞無遺了。所以你要緊密地在我身旁。我是活水，可以將火澆滅。沒有仇敵能搞到你，也沒有傷害會臨到你，因為你是屬於我的。信任我。盼望我。"

> 主，在你翠綠的青草地上，求你帶領我。你是我生命的活水，使我更新，重新得力。

榮耀的身體

> "他要用征服萬有的大能,把我們
> 這些軟弱必朽的身軀變成榮耀的身
> 體,就像他自己的身體一樣。"
>
> 腓立比書3:21(新普及譯本)

當被聖靈充滿時,你的整個身體都會被轉化。
它將會發光,像太陽一樣光芒四射。我的靈使
你身體溫暖,我的愛彌漫你的全身。你身體會
是透明的,因為你沒有什麼需要隱藏的。每件
事情都是敞開的。不再有羞恥和罪惡,反之,
你會被愛,平安,和喜樂充滿。達到完全的滿
足!全然降服在天父的旨意之下。沒有事情可
以攔阻你靠近我,靠近彼此。每個人都將與獨
一的上帝和獨一的救主合而為一。完全的祝
福!

主,我要為這個異象以及明白榮耀的身體
會是像什麼樣子而感謝你。你是一位可敬
畏的上帝!我迫不及待等候那一天在天
上,我會有一個像你一樣榮耀的身體。

基督的身體

> "你們所有人在一起就成為基督的身體,每個人都是這身體上的一部分。"
>
> 哥林多前書12:27(新普及譯本)

我的寶貝孩子,你在我的心裡。你浸泡在我的愛裡。你是非常特別的。去,慷慨大方的去愛人。不要停止給予和分享。我會給你所需要的愛。記住,你在母腹裡受孕的那一刻,我已經愛你。你出生的那一天,你被家中的每個人所愛。你的朋友也都愛著你。不要害怕去愛其他的人。通過你的愛,我可以為他們行神跡。通過你的愛,我可以醫治我的百姓。通過你的愛,他們會認識並且愛我。

主啊,使用我。我是你的。求你擴大我的心,讓我可以像你愛我一樣地去愛別人。

三月

四十天

> "隨後聖靈驅使耶穌到了曠野。他在那裡受撒旦的試探有四十天之久。"
>
> 馬可福音1:12-13（新普及譯本）

寶貝孩子，單獨地安靜與我在一起非常重要。這是聖靈與你同在，使你感受到我愛的同在。只有在靜默中，你才能聽見我的聲音。在這大齋期間，努力花更多的時間與我獨處。你會因我的同在而改變。你會勝過從撒旦來的試探。有我，你將沒有任何的懼怕。你會放膽地向你遇到的每一個人傳講福音。

　　主啊，幫助我在這四十天中盡可能地靜默下來。我要聽你的聲音。求聖靈充滿我。

我的話

> "我說出的話都要產生效果，
> 成就我所有的心願，並且不管
> 到那裡去，都必定亨通。"
>
> 以賽亞書55:11（新普及譯本）

親愛的，把我的話存在你心裡。就會產生豐碩奇妙的果實。要像我的母親<u>馬利亞</u>。她把我的話放在心裡日夜反復思想。我的話是你腳前的燈，是你路上的光。沒有我的話，你就活在黑暗裡。就容易走上歪路。有了我的話，就會有神跡與醫治，因為我的話帶著能力，不會徒然返回，會帶出生命與喜樂。

> 親愛的耶穌，你的話是我的寶藏，比精金更珍貴。因為是通過你的話，你創造了整個宇宙。

服侍

> "因為就連人子到世上來，也不是要受人的服侍，而是要來服侍人，還要捨棄自己的生命，作多人的贖價。"
>
> 馬太福音20:28（新普及譯本）

服侍若不帶著一顆喜樂的心，那就不是用愛去服侍。愛就是底線。一位母親願意每二，三個小時就起來餵她的嬰孩。因為愛她的孩子，她是心甘情願地如此去做。她甚至會為她的孩子付上自己的生命。我要你就是這樣地去服侍別人。以我為榜樣，我就是這樣為你擺上我的生命。我要你與我一起進入永恆。對我來說，為你沒有什麼事情是太麻煩的。你是我的寶貝孩子。我心甘情願地為你死在十字架上。沒有更大的愛可以勝過一個人為他人舍去自己的性命。你照樣行吧！

主啊，給我一顆僕人的心。幫助我在需要服侍別人的時候不再抱怨。如果要像你愛我一樣地去愛別人的話，我還有許多要學習改善的地方。幫助我減少自我中心與自私。

禁食

> "不，我想要的禁食是：釋放那蒙冤被囚
> 的，減輕雇工的重擔，讓被壓迫的人得自
> 由，除去束縛人的鎖鏈；同饑餓的人分享
> 食物，給無家可歸者提供居所，送衣物給
> 有需要的人，不躲避需要幫助的親屬。"
>
> 以賽亞書58:6-7（新普及譯本）

禁食不僅是關注食物，而是要把你的時間和精力花在幫助那些有需要的人。去探訪生病和被欺壓的人需要花時間。買食物給饑餓和買衣服給赤身露體的人需要花錢。但是最重要的是你必須帶著我的愛到受苦的人當中。只有我的愛能帶來醫治。大齋期內，為我的愛而禁食。無論何時何地，尋求我的同在。對人行善。跟隨我的提示，放棄你自己的計畫。你會得到豐盛的回報。

> 主啊，我在這裡。我來是要遵行
> 你的旨意。幫助我更加無私，慷
> 慨地對待所有向我求助的人。

邪惡的世代

> "這邪惡的世代不斷地要求我
> 顯神跡給他們看,但我給他們
> 看的,只有約拿的神跡。"
>
> 路加福音11:29(新普及譯本)

寶貝孩子,這個世代已轉離我。他們都只在乎
自己。他們做事只為了讓自己開心,不討上帝
的喜悅。他們不知道罪是什麼。他們冒犯了
我,自己都不知道。他們不教導他們的孩子有
關我的事情。他們對真理全然無知。他們崇拜
物質而不崇拜創造萬物的主。他們主日都用來
宴樂,享受自己喜愛的體育運動。他們的心遠
離我。悔改是唯一改變的辦法,把他們的生命
一百八十度翻轉過來。除了要被毀滅的跡象,
將不會有任何的神跡。我親愛的,為他們禱
告!

> 主啊,我的心因罪過而感到非常地沉重。
> 求你除去我的罪,而且將我洗淨。我要
> 單單地愛你,服侍你。求你憐憫我。

門

> "你們要不斷祈求，就會得到所祈
> 求的；不斷尋找，就會找到；不
> 斷敲門，門就會向你們打開。"
>
> 馬太福音7:7（新普及譯本）

我的心向所有愛我的人永遠敞開。像浪子的父親一樣，我在尋求，等待任何願意為自己的罪悔改，決定回家的人。當他走向家門口時，我不只是會把門打開，而是會向他奔去。對於你，我親愛的，我的門永遠是大開的。你可以隨時地進出。我的家就是你的家。你永遠是受歡迎的。任何時候你都可以進來在我的心裡休息。我會使你恢復精力，得到更新。無論何時，當你需要休息，就把我的心當成家而回來。我的門從不上鎖。就像去你孩子的家或者你父母的家，不會把你鎖在門外。我的心對你也是如此。

> 主啊，我在敲你的門。請讓我進入
> 你寶貴的心裡。我愛你。我珍惜單
> 獨地與你相處的每一刻時光。

一切

> "孩子啊，你看，你一直在我身邊，我的一切都是你的。"
>
> 路加福音15:31（新普及譯本）

寶貝孩子，你從我承受了一切，所以去把我所給你的恩賜都用出來榮耀上主。當你瞭解到天父所賦予你的是多麼地豐富，你的生命將會喜樂和結實累累。你什麼都不缺。聖天使會保護你並引領你。

> 主啊，謝謝你把你的產業賜給我，那不是我賺得的。我敬畏你的慷慨大方。

我的幫助者

> "有上主幫助我，我必不懼怕，
> 人能把我怎麼樣呢？"
>
> 希伯來書13:6（新普及譯本）

我的孩子，我不會離開你，也不會捨棄你。你可以依賴我。許多親朋好友告訴你，他們會幫助你。但是當你真正需要他們的時候，他們卻有一個又一個的藉口。當你呼求我的時候，我就會在你身邊。你不會孤獨地流淚。當你疼痛受苦時，我的心就與你同在。我不會撇棄你。我會一直在你身旁。你可以相信我。為你，我死在十字架上，痛苦地被釘死在十字架上。為你，我戴著荊棘的冠冕忍受被綁在柱子上的鞭打。為你，我忍受所有的毆打和輕蔑的口水。不，我永不離棄你。我為你付上了代價。你是我所愛的，我珍貴的寶貝。呼求我，你就會感到我的同在。你沒有任何可懼怕的。當你在路上行走時，我會差派天使圍繞著你。

主耶穌，謝謝你保護我，引導我。謝謝你為我死在十字架上。我要盡力地來愛你。

我赦免你

> "你這惡奴才！你哀求我，我就免去你的巨債；難道你不該像我憐憫你一樣，去憐憫你的同伴嗎？"
>
> 馬太福音18:32-33（新普及譯本）

我就是憐憫和慈愛。每個跟隨我的人也都必須要有憐憫和慈愛。我為人所犯的罪捨命付上代價。每個愛我的人也都要不帶著評判或報復，用無條件的愛去愛別人。那些心裡不赦免的，就無法像我一樣地去愛人。他們的心因仇恨和不滿而剛硬。只有那些完全赦免人的，才有自由去愛人。所以，不要在你心中保存著忌恨或不滿。要去愛你的仇敵。

> 主啊，賜我更多寬恕的愛。幫助我去赦免過去傷害我的每個人。不要讓我的心被憤恨或不滿而剛硬。求用你醫治的愛充滿我。

你的信心

> "'因著你們的信心,你們所求的必會實現。'他們的眼睛就開了,能看見了。"
>
> 馬太福音9:29-30(新普及譯本)

親愛的孩子,信心能成就任何的事情。若你對我有信心,你就會願意領受我給你的安排。憑著信心,你就會活在屬靈的世界。沒有信心,你就被限在這屬世的世界。屬靈的世界有超乎你想像的能力。在這屬靈的世界裡,你的禱告能勝過所有的邪惡。信心就是相信我的權能。信心是知道我是創造這宇宙的全能上帝。信心是毫無懷疑地知道我可以用我的話改變任何事情。我的孩子,要相信我。你知道我是多麼地愛你。每一天,在你心中要有信心地活著。若活在信心裡,你就會見到一個又一個的神跡。

全能全愛的上帝,我相信你。我知道你是造物主,是行神跡奇事的主。

像泉源

> "上主要一直引導你，在你乾渴時賜水
> 給你，恢復你的力量。你要像水源充
> 足的園子，又像湧流不息的泉源。"
>
> 以賽亞書58:11（新普及譯本）

在異象中我看見一股熱噴泉從一個池中噴到高
空。水汽像一層薄霧落到周圍一個充滿各色花
卉和綠茵的美麗花園裡。小鳥來到噴水池中洗
澡。蝴蝶飛來飛去停留在不同的花卉上。耶穌
對我說，　"我的孩子，當你被我的愛和聖靈充
滿，你就像這股美麗的噴泉，把喜樂帶給你周
圍的每個人。把希望帶給那些絕望的人。將安
慰的話講給需要聽的人。使軟弱的人得到力
量。你的靈魂會被更新，重新得力，像在異象
中的那些小鳥一樣。

寶貴的主耶穌，為這麼美麗的異象
感謝你。你是我生命的泉源。

聽從

> "你們當聽從我的話，我就作你們
> 的上帝，你們也作我的子民。"
>
> 耶利米書7:23（和合本）

親愛的，無論何時安靜下來，你就會聽見我的聲音。任何時候你呼求我，我就會在那裡支持你。要知道我是住在你心中。我知道你每天的每一個思想，每一個行動。我永遠與你同在。要常與我說話並聆聽我的回應。我渴望與你溝通。我渴想與你有單獨親近的時間。每天你如果有太多的屬世活動，你就會一直忙碌和分心，以至於聽不到我的聲音。你記得那兩次我對門徒談到我的兒子的特別時刻嗎？第一次是在他受洗的時候，第二次是他登山變相的時候。如果有耶穌在你的心裡，你就會聽到我的聲音。

> 主啊，你的聲音就如蜂蜜一樣地美好。求主對我說，你的僕人在聽。

從心底

> "如果你們拒絕從心底裡寬恕你們的弟兄姐妹，我的天父也要這樣對待你們。"
>
> 馬太福音18:35（新普及譯本）

寶貝的孩子，當你寬恕別人，不只是在頭腦裡，要從心底去寬恕。這兩者是不同的。當你在頭腦裡去寬恕，你知道你應該去寬恕，這樣的寬恕是不完全的。當你從心底去寬恕，你就會希望有好事臨到他們身上。你會祝福他們，希望他們一切安好。我愛每一個人包括罪人。我已經寬恕你所有的罪。如果我在你仍然是罪人的時候就愛你，難道你不也應當更加地愛別人，寬恕他們嗎？我的孩子，從心底寬恕每個人。

> 耶穌，謝謝你寬恕我，把我從我的罪中拯救出來。幫助我再也不心存抱怨或者不滿。幫助我永遠去寬恕。

行為

> "我按照各人的行為所當得的，
> 給他們應得的報應。"
>
> 耶利米書17:10（新普及譯本）

實際的行動勝過動人的言辭。話語是空洞的，但是行為會對人有益。趁你還能動的時候，天天去行善。行善對你的靈魂有益。從你每天所行的善事，你將會得到報償。不要虛度任何一天讓那天你沒有善行。因為你對人無論做什麼就是做在我的身上。

> 主啊，我在這裡。我來遵行你的旨意。讓我做的每件事都討你的喜悅。

房角石

> "工匠丟棄的那塊石頭，現在
> 成了房角的基石。這是上主的
> 作為，看起來真是奇妙。"
>
> 馬太福音21:42（新普及譯本）

許多人要用他們自己的石頭和野心去建造他們
的城堡。只有那些與我一起建造生命的，在狂
風暴雨來臨時才能站立得住。我是那個磐石，
萬物建造在我上面。所以要以我為根基在上面
建立你的夢想和願望，這樣你才會找到真正的
喜樂和幸福。我是那支持你度過試煉和苦難的
房角石。你可以依靠我。

> 主耶穌，你是我的磐石，我
> 的救贖。我信任你。

慶祝

> "你弟弟卻是死而復生,失而復得
> 的!這是個多麼高興歡喜的日子
> 啊,我們實在要好好慶祝一番!"
>
> 路加福音15:32(新普及譯本)

寶貝孩子,任何時候一個靈魂來到我的國裡,
我們就會為他開個載歌載舞的盛宴慶祝會。我
看重每一個靈魂。他們都會帶給我極大的喜
樂,喜樂就是聖靈的果子。所以在任何場合,
要大膽地傳揚我的名字,並與人分享我的故
事。不要放過任何能為我作見證的機會。每當
你帶一個靈魂回到我的懷抱時,我們都會為此
慶祝與歡樂。這是你能給我最好的禮物和祭
物。

> 主啊,我要讓你的心喜樂。幫助我傳
> 揚你的名,而且把人帶到你面前。

新天

> "看啊！我要創造新天新地，沒
> 有人會再想起那舊的來。"
>
> 以賽亞書65:17（新普及譯本）

在異象中我看見一位女子打著鈴鼓跳舞。她周圍的每個人都非常快樂，歌唱和跳舞。在那兒有極大的頌贊和歡樂。每個人都面帶笑容和大聲的笑。上帝對我說，"這就是我說的新天，在那裡沒有人受苦或仇恨。每個人因耶穌為他們所做的而喜樂。他來到世上是要向你們指示道路，真光和真理。無論誰信了他，就會知道那道路，真理以及生命的光，那個滿有喜樂和跳躍的生命，充滿平安和慈愛的生命。所以你要天天與耶穌活在你心裡。有一個新天正在等著你。"

> 我親愛的耶穌，我迫不及待地想
> 與你在新天會面。我要慶祝，
> 要永遠與你在一起歡樂。

絕不會忘記你

> "母親怎能忘記她吃奶的孩子？她怎能不愛她生下的孩子呢？即使有這樣的事，我也絕不會忘記你！"
>
> 以賽亞書49:15（新普及譯本）

是的，當你還在母腹中，我就將你織造成形。我知道你的每根髮絲。在我眼中，你是寶貴的。我照著我的形像造你，使你像我一樣。我為你死在十字架上，如此你可以在永恆裡與我一起在天上。你不是一個錯誤，你是我的傑作，我的驕傲，我的喜樂。我愛你的每一部分。你是我用鮮血付上代價把你贖回來的，我怎麼可能忘記你呢？不會的，我不會讓你離開我的眼目。你是我眼中的瞳人。你是我寶貝的孩子，將要承受我的國度。你是天父和我所揀選的。我們愛你！

> 主啊，謝謝你愛我這麼多。我是多麼地有福氣能作你鍾愛的孩子。

約瑟

> "主的天使在夢中向約瑟顯現。"
>
> 馬太福音1:20（新普及譯本）

寶貝孩子，我在夢中向你顯明了許多事情。我在你安靜的時候，向你說話。當你在睡覺時，你容易敞開聽我的聲音。約瑟是我忠心的僕人。在他的夢裡，我的天使告訴他，他的妻子馬利亞要懷孕生耶穌。約瑟順服我，把馬利亞迎娶進門。他做了我要他做的事。他願意捨棄他自己的計畫來遵行我的旨意。他甚至為了耶穌離開家鄉，多年躲在埃及。如果你遵照我的提示，你也一樣可以為我作大事。所以，靜默，要知道我永遠與你同在。

主啊，為這些奇妙的夢感謝你。這些夢向我顯示了真理。也讓我與你更親近。

自以為義

> "有的人深信自己為人正直卻鄙視他人，耶穌對這些人講了這個故事。"

路加福音18:9（新普及譯本）

我的孩子，當你理解到你不完美的那天，就是你走向完美的日子。這世界上沒有人是完美的。只有我是完美的。所以，不要把自己看得比別人好。天父將特別的恩賜給人。每個人都是獨特的。認為別人比自己不義是人通常會犯的罪。當懺悔及改變。

主啊，求你除去我的驕傲和自義。我犯錯了！我犯錯了！我是罪大惡極的！

上主改變了主意

"於是上主改變了主意，沒有把他所說的可怕災禍降到他的子民身上。"

出埃及記32:14（新普及譯本）

寶貝孩子，我隨時都願意饒恕你。你只需要去承認你所犯的罪及請求我的寬恕。你為自己和他人的代禱都被你的天使帶到我的寶座前。我收到你的每一個禱告。當我聽到你的懇求，知道你的心，我就改變了對你的懲罰。你就是要討我的喜悅。試探常常臨到你，那時你依然堅持地禱告。藉著禱告你就可以勝過邪惡。只要把我的名字"耶穌"說出來，你的生命中就不會給惡者留下任何的空間。我的名字勝過所有的邪惡。兩者無法共存。要選擇我。

主啊，謝謝你寬恕我過去所犯的罪。你的名字就像我嘴唇裡的蜜。耶穌，我愛你。

相信他

> "摩西在曠野裡怎樣用杆子舉起銅
> 蛇，人子也必定照樣被高舉，使所
> 有相信他的人都能得到永生。"
>
> 約翰福音3:14-15（新普及譯本）

真理是非常簡單的。當摩西舉起銅蛇，所有仰
望它的就得到拯救。同樣，相信我的人也是如
此。他們就得拯救。有信心，任何事情都是可
能的。我是你全能的上帝，你當相信我，這樣
每件事都成為可能。我差我的兒子到世上來，
讓你們可以信他，得到永生。要相信他。

> 主啊！我是相信你的。幫助
> 我越來越多地信任你。

加利利

> "他不可能是基督！基督
> 會出自加利利嗎？"
>
> 約翰福音7:41（新普及譯本）

我的孩子，不要把我放在邊上，把我局限在一個地方。我從什麼也沒有創造出宇宙萬物。我能改變風向，啟動地震。我是無限的。人在地上是有限，有疆界的。我卻沒有。我可以在任何地方，做任何我想做的事。不要局限我和我的能力。只有愛才是重要的，愛是無限的，也不能被局限在一個角落。愛會擴展，成長，能醫治所有的人際關係與疾病。愛能戰勝一切。我來自加利利或是耶路撒冷並不重要。我是上帝，唯一的真神。尊崇我，相信我，如此你將有豐盛的生命。

　　我的耶穌，謝謝你賜給我對你的信心。我只需要你。你是我的上帝，是我的主。

不相信

> "除非你們相信我就是我所宣稱的那
> 位，否則你們就要死在自己的罪中。"
>
> 約翰福音8:24（新普及譯本）

在異象中，我看到許多人在泥巴裡。有人仰望
基督，把雙手向他舉起，他們就被提到天上。
當然他們先經過淋浴把泥巴沖洗乾淨，才在天
國裡與耶穌團聚。但是有一些人喜歡在泥巴裡
的狀態。他們笑著，把人拉扯或推進泥巴裡。
他們不願得救。他們寧可留在泥巴裡。他們沉
浸在他們的罪中，不要耶穌把他們提到天上。
我從心底為他們感到難過。

主耶穌，你死在十字架上以至我們都可以
得救。我們唯一需要做的，就是悔改和相
信你的憐憫，這樣我們就會被提到天上與
你共度永恆。願你永遠被稱頌，得榮耀。

真理

> "如果你們忠於我的教導，就真
> 是我的門徒了。你們將會明白真
> 理，真理也必使你們得自由。"
>
> 約翰福音8:31-32（新普及譯本）

寶貝孩子，我說的每個字都是真理，它能改變
世界以及你的心思。反復思想我的話，細讀
它，咀嚼它，背誦它。我的話會帶給你生命和
內心的平安。那些不聽從或不學習我話的人就
像一些小人，忙著做無用的事，一切都是徒然
的。聽我話的人會知道他們的方向和為了天父
的尊榮與榮耀該做的事。沒有我的話，就只有
混亂，沒有平安。有了我的話，生活就會有目
標。所以記得要專心聽我，特別是在清晨的時
候。這樣你就會天天被喜樂充滿。

> 主啊，請說，僕人在聽。你的
> 話對我比金銀更為寶貴。

成為聖潔

> "上帝的旨意是藉著耶穌基督只一次獻
> 上自己的身體，就使我們永遠聖潔。"
>
> 希伯來書10:10（新普及譯本）

我親愛的配偶，藉著我的身體和我的血，你和我緊緊地相連在一起。一對男女結了婚就成為一體。你和我就是這樣。想你是如何做每件事來取悅你的丈夫？你願意放下自己的意思去做他想要做的。當我們一起遵行天父的旨意，就會非常地喜樂。為此，我來到世上。使你與我的生命一同得到聖潔。我為你的罪而死，你就被救贖。來吧！我親愛的，進入我的國度。再也不需要焦慮或擔憂。我永遠在你身旁。你與我合而為一。你屬於我。

我的主，我的上帝！我愛你勝過地上的任何人。每一天我單單為你而活。

神跡奇事

> "耶穌問:'要是沒見到神跡奇事,
> 你們就永遠不會信我嗎?'"
>
> 約翰福音4:48(新普及譯本)

有些人要看見神跡奇事才會相信。但是你,我的寶貝孩子,你信是因為你有了我的愛。你愛別人,我就會一直通過你去行神跡奇事。因為大臣愛他的兒子,我就醫好了他的兒子。愛能勝過邪惡和疾病。通過愛,你可以把石心改成肉心。有了愛,一切事情都是可能的。

寶貴的耶穌,謝謝你這麼地愛我。我信你偉大的能力。

用石頭打死耶穌

> "眾人又撿起石頭要打死他。"
>
> 約翰福音10:31（新普及譯本）

寶貝孩子，人懼怕真理。他習慣謊言，不要聽真理。真理可以使他們得自由。但是他們寧可活在自己的罪裡。他們不願去改變他們的生活方式。我的孩子，你認識真理。不要怕去告訴人們有關我的事，就算他們並不想聽。你的任務就是將真理去告訴他們。無論他們是否接受。將種子種下，剩下的交給我。種子有了養分和水分，它就會生長。你為我做的事，沒有一樣是浪費的。我要的就是你的願意和你的"是的"。

是的，主。我要去告訴人們有關你的事以及你的偉大。你有永生的道。

樂園

> "我向你保證，今天你就要
> 跟我一起在樂園裡。"
>
> 路加福音23:43（新普及譯本）

任何一個相信我，並且愛我的人，就必得救。在十字架上那個嘲笑我的罪犯因他的不信而沒有得救。而另外一個罪犯，因愛我，憐憫我，相信我的能力和權柄就得到拯救。我來到世上使人人都有機會得救。救恩是為每一個人預備的。我親愛的孩子，去告訴他人，我為你和你的家人所做的一切。讓人們知道他們有一位多麼愛他們和要拯救他們的神。除你以外，我沒有手，沒有腳，我會使用你的手，你的腳。所以做我的手去醫治我的百姓，並且告訴他們這好消息。我要你繼續去做我已開展的工作。

　　主啊，我預備好了願意遵行你的旨意。帶領我，引導我行在正路上。我很期盼可以與你在樂園裡的那一天。

極貴重的香膏

> "馬利亞拿來一瓶大約三百克極貴重的
> 純哪噠香膏，抹在耶穌腳上，又用自己
> 的頭髮擦拭，頓時屋裡充滿了香氣。"
>
> 約翰福音12:3（新普及譯本）

寶貝孩子，我在每一個人的靈魂裡，所以每當你愛人，為人行善時，你就表達了你對我的愛。我樂意見到我的孩子彼此相愛，彼此照顧。能見到你們彼此和睦相處勝過所有貴重的香膏傾倒在我腳上能帶給我的喜樂。馬利亞極度地愛我，因為我使他的兄弟拉撒路從墳墓裡復活。她心甘情願地把這極貴重的香膏倒在我的腳上來感激我為她和她的家人所做的。生命比任何金錢能買來的香膏更有價值，更加珍貴。你現在就這樣去為別人做。

> 我的耶穌，我全心愛你。教導我每
> 一天越來越多地愛你和愛人。

出賣者

> "要出賣耶穌的<u>猶大</u>也問
> 他:'拉比,是我嗎?'"
>
> 馬太福音26:25(新普及譯本)

傷你最重的人通常是你最親近的人。要像我一樣,寬恕他們,祝福他們到底。不要對他們心懷怨恨因為他們不知道他們在做什麼。他們的視野非常有限。他們是被周圍的文化和環境所影響。他們不會用我的眼光來看事情。但是你會,並且知道我的心意。用憐憫恩慈來對待這些出賣你的人。讓你的行為來表達你對人的愛。不要因憤怒,怨恨而有所動作,要因愛而發出行動。要像我愛你一樣地去愛人,永遠寬恕,永遠關懷。

主啊,賜我更多你饒恕的心。我要寬恕人,要像你愛我地那樣地愛他們。

四月

馴良的羊羔

> "我卻像一隻馴良的羊羔,被牽到屠宰之地;我並不知道他們設計謀害我。"
>
> 耶利米書11:19(新譯本)

我的寶貝孩子,受苦是成長的一部分。沒有痛苦就沒有獲益,也沒有靈命的成長。不要怕,以我為榜樣背起你的十字架。我連恨我的人都愛。我寬恕他們因為他們不知道他們在做什麼。除了你的仇人之外,大部分的人不會故意要傷害你。即便如此,我還是會對你說,"要愛你的仇敵"。愛能軟化人的心。來跟從我。

> 上帝的羔羊,除去世人的罪惡,憐憫我。主啊,給我勇氣天天背我的十字架來跟從你。

不認識我

> "就在清晨雞叫之前，你會三次說你根本不認識我。"
>
> 約翰福音13:38（新普及譯本）

人是不完美的。只有我才是完美的。你最好的朋友也會讓你失望。只有我會一直支持你。我是一位寬恕的上帝。我知道你所有的掙扎和軟弱。我不是在這裡來定你的罪而是要讓你知道你已經被寬恕。我以永遠的愛愛你。沒有任何事物可以把我們分開。我會一直在你身邊支持你。你可以相信我。即使你像<u>彼得</u>一樣地不認我，我也不會停止愛你。也絕對不會放棄你。你是屬我的。你可以信任我。要像<u>彼得</u>一樣被轉化。不要邁向絕望，而要對我有盼望。我親愛的孩子，我愛你。

　　主啊，求你改變我，<u>塑造</u>我成為你的形像，樣式。我每天要越來越多地信靠你。

逾越節

> "逾越節之前，耶穌知道他的時候到了，
> 他要離開這個世界，回到父那裡去。"
>
> 約翰福音13:1（新普及譯本）

我的親愛孩子，我寶貴每一個靈魂。我心甘情願地服侍每一個人並為他死。只有藉著我的血，你才能得救。就像在埃及過的逾越節一樣，只有門框上塗有羔羊血的房子裡面的人才能得救。用我的血也是這樣。吃我的肉喝我的血的人將在天上永遠與我一起。在那裡不會有哀傷和哭泣。將有喜樂來充滿你的心。你將與我一起共度永恆。還在地上的時候，你要像我服侍你那樣去服侍人。為他們洗腳，餵飽饑餓的人，給赤身露體的人衣服穿。在這一切事上，最重要的是要帶領所有的靈魂與我更加地親近。

　　主啊，我在這裡。我來是要服侍你，服侍別人。謝謝你用你的寶血救贖了我。

舊我

> "我們知道，我們那罪惡的舊我已經跟基督一同釘在十字架上，使罪狀我們的生命中失去權勢；我們不再是罪的奴隸。"
>
> 羅馬書6:6（新普及譯本）

我的孩子，你的舊我已用我的寶血和水擦乾淨了，這一切都過去了。你的新人就是我創造你的樣式——溫柔，仁慈，有愛心，關懷人，有憐憫，瞭解人，寬恕人，安慰人，有忍耐，會讚美，有節制，有智慧，會感恩。在各方面你都變得越來越像我。當人們看見你，他們就知道你是我的孩子。他們看到相似的地方；就好像兒子像爸爸，女兒像媽媽。你是我的寶貝孩子，新人的你。每天活在我的愛裡。沒有悲傷，悔恨或過錯。只有愛，平安和喜樂。

> 我親愛的天父，謝謝你差遣你的獨生愛子到世上來，使我可以得救，並且與你在天上一起享受永恆。成為你的孩子是何等的榮幸。

他命令我們

"祂命令我們向世人傳道，見證祂就是
上帝指派來審判活人和死人的那位。"

使徒行傳10:42（當代譯本）

今天我如同在千萬年前一樣地活著。我是永活
的上帝。死亡對我一點權勢也沒有。每一個相
信我的人都必得救。所以，去對所有人宣講福
音。不必在乎他人怎麼說怎麼想。你建造我的
國度。不要讓別人來攔阻你。當人嘲笑或取笑
你的時候，你將受到祝福，因為我知道你的忠
心與順從。不要在意別人的評論。他們不知道
什麼是更好的，他們還沒預備好要接待我進入
他們的心中。但是你是被任命去為我播種的。
不要在乎種子會不會成長。只管前往，去作我
的門徒。

歡喜快樂！因為今天我的上主從死人
中復活了。祂是我的救主，我的救
贖主。謝謝你呼召我作你的門徒。

抹大拉的馬利亞

> "這些婦女（抹大拉的馬利亞和另一位馬利亞）趕緊離開了墳墓，她們非常驚慌，卻又滿心歡喜，跑去向門徒報告天使的資訊。"
>
> 馬太福音28:8（新普及譯本）

是的，我的寶貝孩子，我選擇先向婦女們顯現，因為她們願意邁出她們熟悉舒適的環境去到墓地去服侍我。她們不怕面對衛兵或是觸摸我的屍體。她們對我的愛勝過她們的懼怕。她們只是要去確定我是好好地被埋葬了。這是為什麼我先向她們顯現。我知道她們會相信我，會把這個好消息告訴別人。她們忠心地為我做一切的事情。在我傳道的時候，她們一直跟隨著我。她們滿足我的需要。在幕後她們是我的幫手。她們對我就與那十二個門徒一樣的重要。我也一樣地能使用你。

主啊，感謝你揀選我去宣揚你的福音。帶領我，指引我。保護我免受一切的傷害。

受洗

> "你們各人都要從罪中悔改歸向上帝，奉耶穌基督的名受洗，使你們的罪得到赦免。這樣，你們就能領受聖靈。"
>
> 使徒行傳2:38（新普及譯本）

我的國度非常簡單，容易抵達。甚至一個小孩子也可以進入。不需要博士學位或歷經艱難。只要盡全心地愛我。在我的國度裡，只有愛是重要的。沒有別的。不要認為你必須努力工作才能進入。我已經為你掙到這個權利。真愛是對彼此透明的。真愛永遠願意去寬恕。真愛是喜樂地去做每件事——甚至是死在十字架上。在受洗的時候，水洗淨你一切的罪。潔淨你的身體和靈魂就像新娘為新郎所做的預備。只有在那時候我才能用聖靈將你完全地充滿。

　　來吧，聖靈，來吧！來到我心裡。
　　教導我每天更多又更多地愛上帝。

跟我們一起

> "時候不早了，跟我們一起過夜吧！"
>
> 路加福音24:29（新普及譯本）

親愛的孩子，多次我渴想與你在一起，但是你卻在為世上的事而忙碌。我讓你有自由意志，不會不經過你的邀請就強入你的心。我尊敬你，敬重你。所以，在你啟動新的項目或去任何地方之前，要先邀請我。你若與我同在，我就會引領你，教導你。你將會被我用喜樂和自信的靈而充滿。你會為我的榮耀去做事情。你會用我的眼光來看這個世界。像那兩個去以馬忤斯的門徒，你的生命將會有180度的轉變。他們在路上沒有遇到我之前，情緒是低落的，想要回家。但是當他們邀請我和他們同吃晚飯的時候，他們認出我來，而且知道當做什麼。他們轉回耶路撒冷，對十一個門徒為我作見證。

主耶穌，請進入我心。不要讓我與你分開。你是我的一切，我的拯救。我愛你。

鬼

"你們摸摸我,看清楚我不是鬼,因為鬼沒有身體;可是你們可以看到我有身體。"

路加福音24:39(新普及譯本)

是的,我已復活了。我不是鬼。我是有骨有肉的耶穌。當你死了之後,你也一樣會有骨有肉。你會在永恆裡與我享受天上的筵席。沒有什麼可以與天上的喜樂相比。因為我永遠與你在一起,眼淚都被擦去了。有了我,你心中就會滿溢著我的喜樂。鬼是個迷失的遊魂。但你不會迷失,因你已被我找回。你與我在天上有一個家。那是我為你特別準備好的一個地方。你的名字寫在生命冊上。

主啊,我真是迫不及待的能和你面對面。親愛的耶穌,求你增添我對你的信心。

右邊

　　"把網撒到船的右邊，就會打到魚了！"

約翰福音21:6（新普及譯本）

我的孩子，我一直是靠近地站在你旁邊。但是你像我的門徒一樣，忙碌地看不見我就站在岸邊。當他們去打魚的時候，沒有叫我跟他們一起去。他們整晚什麼也沒捕到。當你有太多的活動，太忙碌的時候，你就忘記來請教我，以至你什麼都做不了，也沒有意識到我就在你旁邊。除非你停下來聆聽或尋求我，你不會感受到我的同在。我的孩子，現在開始要養成一個習慣，在做任何事情之前要先求問我。你就會驚喜地發現有了我的同在，你的生命會成就多多。你會經歷一個豐盛的生命。像我的門徒，你會捕到超過153條大魚而且漁網也不破。來與我一起享受盛宴吧。

　　　　耶穌，你真是在我生命中的每一分鐘都與我同在。開我的眼使我無論在哪裡都可以看見你。幫助我能聽你的聲音，順服你去做你的事。

放膽

> "禱告完畢，聚會的地方就震動起來，眾人都被聖靈充滿，放膽傳講上帝的道。"
>
> 使徒行傳4:31（新普及譯本）

我的寶貝孩子，大膽就是毫不懼怕地走出來。只有當你愛我比愛別人更多的時候，你就會大膽地去分享我的故事。那十一個門徒願意為我冒他們生命的危險是因為他們愛我勝過他們的家人和朋友。增加對我的愛，你就會有勇氣去為我捨命。我的門徒是我持續的同伴，他們每一分鐘都與我在一起。無論在吃飯或是在睡覺，他們都與我在一起。他們聆聽我的話，做我吩咐他們去做的事。我邀請你也來做我的同伴。

> 主耶穌，我要愛你勝過任何人。請來到我心中，在我生命中每時每刻與我住在一起。

從上面出生

> "我實在告訴你,你若不重生(從上面出生),就不能看見上帝的國。"
>
> 約翰福音3:3(新普及譯本)

許多人不明白想要進入上帝的國,他必須藉著水和聖靈的洗禮而重生。那就好像是要到國外。他必須要有護照和簽證。沒有它們,任何人都進不去。上帝的國也是如此。藉水和聖靈重生是非常容易的。人人都可以做得到。每個人都被天父邀請進入他的的國度。都是免費的。所以去告訴每一個人這個好消息。要有愛心。要友好。對所有願意與我共度永恆的人都是免費的。對沒有受過洗的人,去宣揚這個好消息。這是你的使命。你的呼召。

主啊,求你讓我大膽的能與每個遇到的人來談論你和你的國度。用你的聖靈來充滿我。用你的智慧來充滿我。

全體信徒

> "全體信徒一心一意，沒有一個人說自己的財物是自己的，他們凡物公用。"
>
> 使徒行傳4:32（新普及譯本）

我的孩子，當你受洗的時候，你就重生在我的家庭裡了。每一個受過洗的人就成為你的兄弟或姐妹。你擁有的一切都是從天父來的。還是小孩的時候，你擔憂過什麼嗎？缺乏過什麼嗎？你的父母不是供應你一切所需的嗎？在我家裡你的新生活也是如此，可以完全信任，滿足你所有的一切。既然一切都是免費給你的，你就當與其他有需要的人去分享。如此你才是真正地生活在我的國度裡。你不會缺少任何東西。你給的越多，得到的也越多。要慷慨地對待所有有需要的人。

> 我的上帝，親愛的天父，謝謝你在你的國度裡給我一個新生命。我真是蒙福的。幫助我去與那些比我不幸的人分享我的一切。

所揀選的

> "看我的僕人！他是我所扶持的，是我
> 所揀選，所喜歡的。我已經把我的靈
> 降在他身上，他要把公義帶給萬國。
> 他不喧嚷，也不當眾高聲叫喊。"
>
> 以賽亞書42:1-2（新普及譯本）

在異象中我看到一個人背了一個很重的擔子。
耶穌對我說，"我的孩子，我揀選你去幫助那
些身負重擔，受欺壓的人。他們自己無法翻轉
他們的生命。親愛的孩子，我呼召你去減輕他
們的重擔，去主持正義。你就是我的手和腳。
你在地上要繼續我在二千年前開始的工作。用
你的恩賜去幫助那些無法自助的人。他們像囚
犯一樣被鎖在軟弱和罪惡之中。去為你今天所
遇到的每個人，用我的愛和憐憫去彌補這個缺
口。與聖靈同去。

> 親愛的耶穌，謝謝你揀選我去做你
> 的工作。請用你的聖靈來充滿我。

上帝的憤怒

> "信上帝兒子的人，就有永生；不順從子的人，不但得不到永生，且永遠處在上帝憤怒的審判之下。"
>
> 約翰福音3:36（新普及譯本）

在異象中我看到上帝，天父，抬起手來要擊打那些罪人。但是耶穌，神聖的憐憫者，站在天父面前，在他手中有水與血傾倒在那些罪人身上。耶穌對我說，"來到我面前的人會得到憐憫和救贖。我是一位寬恕的上帝。每個為自己的罪懺悔的人，會得到寬恕。憤怒只是留給那些不尋求上帝或不求寬恕的人。他們以自我為中心，認為自己就是神。他們不遵從我的律法和誡命。我設立律法是為了要給予生命。遵守它們的將會得到豐盛的生命。我的孩子，要記住下面的幾個關鍵字：順服，悔改，寬恕，還要相信我的憐憫與恩慈。"

主啊，憐憫我。基督，求你憐憫我，我是一個罪人。耶穌，洗淨我過去所有的罪。

像小孩子

> "我實在告訴你們，誰不像小孩子那樣接受上帝的國，就絕對不能進去！"
>
> 馬可福音10:15（新普及譯本）

教孩子比教成人容易，因為孩子比較敞開，有高度的學習意願。你是我的孩子。我要教導你。我會讓你瞭解國度，這樣你就可以帶領別人到我面前。信任我。不要為任何事擔憂。從孩子身上學習。他們不會擔憂吃什麼或穿什麼。把自己當成一個孩子。看他們是多麼地無憂無慮。他們享受每一時刻。他們容易去愛也容易去饒恕。他們不心懷怨恨。讓你的心像一個小孩一樣地喜樂歌唱。每當看到你快樂的時候，我就特別感到溫馨。

> 親愛的天父，我信任你。耶穌，我愛你。聖靈，我是屬你的。

是我

> "不要怕，是我！"
>
> 約翰福音6:20（新普及譯本）

是的，我是宇宙的上帝。我是一位有愛的上帝。我來是要指明你去天父的路，就是那位以永遠的愛愛你的天父。你不需要有任何的懼怕。天父按照他的形像和樣式造你。他對你非常的滿意。他愛他所創造的，特別是人。每個人都有能力去愛。他給你自由意志去選擇愛他或是不愛他。他甚至差我到世上來成為你的榜樣，讓你看到什麼是真愛。所以不要害怕。不要為每天的需要而擔心。天父會供應。你只需要去愛。完全的愛會趕走所有的懼怕。

主啊，打開我的心。進入我的靈魂，教導我像你愛我地那樣去愛別人。有你在我身邊，我就沒有什麼好怕的。

服從上帝

> "彼得和其他使徒回答:'我們必須服
> 從上帝,而不是服從人的權柄。'"
>
> 使徒行傳5:29(新普及譯本)

親愛的孩子,順服我就是愛我。愛若不順服的話就是愛自己。只有當你把你的恐懼和憂慮完全交給我之後,你才能真正地遵行我的旨意。若不順服,你就依然是以自我為中心。你還是認為沒有我可以將事情做好。對上帝完全的愛就是降服並且放棄自己的意志。只有這樣你才能達到活在自己和上帝之間的和諧。當你完全順從我的旨意時,你真正的自我意志才會形成。我對你的旨意決定了你生命的目的。當你順服我的旨意,你才會得到真正的快樂和平安。

> 主啊,我在這裡準備好遵行你的
> 旨意。幫助我放膽去向人宣揚你
> 的國度。我樂意為你工作。

恩典和能力

> "司提反滿有上帝的恩典和能力,在民眾當中行了不少驚人的神跡奇事。"
>
> 使徒行傳6:8(新普及譯本)

司提反有恩典和能力,因為他先將自己倒空,將他的生命降服於我。如果他沒有先除清自己的野心和能力,我無法把我的愛和聖靈澆灌在他身上。我的孩子,你必須把心中所有的東西都除清才有空間給我。孕婦為她即將要來的嬰兒預備房間時,她會先把老舊的傢俱去掉,才能清理嬰兒的房間。最後才會為嬰兒佈置所有需要的新傢俱。你必須在你的心中為我做同樣的事情。要先倒空自己然後為自己預備屬靈的食物。只有這樣你才能準備好自己被我的恩典,能力,智慧和內在的喜樂所充滿。你的臉將會像天使一樣,充滿了愛和平安。

> 主啊,幫助我倒空我自己,讓你的愛和恩典可以充滿我的心。請來,聖靈求你來。

生命的糧

> "耶穌說:'我就是生命的糧,
> 到我這裡來的,永遠不再餓;
> 相信我的,永遠不渴。"
>
> 約翰福音6:35(新普及譯本)

親愛的孩子,我是你所需要的一切。有了我,你就有了所有。你只需要到我面前來相信我。非常簡單,但是許多人卻無法接受這道理。我是生命,道路,真理。與我同在,你的心會被愛,平安和喜樂所充滿。你會用我的眼光去看別人,用我的心去愛他們。 你不會饑餓或口渴。你只需要開口,我就會賜給你。想像你坐在一個四人抬著的轎子上。只要揮揮手或是說句話,你就會得到所想要的。你的願望就會不被耽擱地賜給你。你是我所愛的。我聽見你的禱告,而且會應允它們。

主啊,我的心被喜樂充滿,知道你多麼地愛我。謝謝你成為我生命的糧。

光

> "行為正直的人卻來到光中，讓別人
> 看見他們在按照上帝的旨意行事。"
>
> 約翰福音3:21（新普及譯本）

在異象中我看見一個又大又圓，明亮及潔白的
光。耶穌對我說，"我是世上的光。每一個來
到這光的人就會與我的光連接在一起，變得明
亮。這光會把真理顯在你面前。若遠離光，你
就活在黑暗裡。當你與光連接上，你就有能力
去做我所做的一切。我就像你的電瓶充電器。
沒有這個電能，你就沒有生命。什麼都不能
做。我是葡萄樹，你們是枝子。住在我裡面
的，就有生命。我會修剪你直到你結出好果實
來。"

> 哦，主啊，你是我的光。來照
> 亮我。我要活在真理中。

揀選的器皿

> "主卻對他說：'你去吧，掃羅是我揀
> 選的器皿，他要把我的資訊給外族
> 人和君王，也要傳給以色列人。"
>
> 使徒行傳9:15（新普及譯本）

在異象中，我看見自己像上帝手中的一把刀。他用我去釋放被囚的。在動手術中，他用刀切除身體壞的部分。在日常生活裡，他用我去把牛油和果醬塗在麵包上。若惡人拿這刀，他會傷害並殺死人。耶穌對我說，"我的孩子，你在我的手中。是我揀選的器皿，讓自己隨時備用，保持潔淨和鋒利。你當時刻準備好，順從我的提示。聆聽我的帶領。若你事前來詢問我，我就會在你每天要做的事上指示你。不要自己一人前去行動。要抓緊我的手，跟我一起走。"

上帝，為這美好的異象感謝你。求你用我並且永遠與我在一起。

驕傲的人

"上帝抵擋驕傲的人，卻喜歡謙卑的人。"

彼得前書5:5下（新普及譯本）

我的寶貝孩子，我喜歡謙卑的人是因為他們完全地仰賴我，而且只會在聖靈的帶領之下去做事情。驕傲的人憑自己的能力去行事而且認為他們不需要我。若你謙卑並且知道我是上帝時，我會一直與你同在。離開我，就什麼也不能做。若有我，一切事情就都是可能的。學習一直仰賴我。

親愛的天父，沒有你，我就什麼也不是。你是我的一切。教導我謙卑地在你面前。

我的肉

> "我是從天降下的生命糧，凡是吃這糧的，就永遠活著。我所賜的糧就是我的肉，世人吃了便能活著。"
>
> 約翰福音6:51（新普及譯本）

在異象中我看見一個聖餐的餅發出潔白的光。發亮像太陽一樣。每個領受這餅的人都會發光。 圍成一圈不停發亮的光。耶穌對我說，"寶貝孩子，當你領受我的身體和我的血，你也就領受了生命的光。你不是看到聖潔的人在他們周圍總是有一圈亮光嗎？我是世界的光。當你領受聖餐，你也就領受了我的光。這兩件事是連在一起的。要緊緊地靠著我，若離開我，你的光就會黯淡下來。記得摩西的臉會發光，以至於他必須用面紗把臉遮蓋起來。每天要來領受我的血和肉，如此你就會活出豐盛的生命。"

主啊，我不配去領受你，但是你若說話，我就可以得醫治。請你來，用你的光來充滿我。

聽從我的聲音

> "我的羊聽從我的聲音，我認
> 識他們，他們也跟從我。"
>
> 約翰福音10:27（新普及譯本）

我的孩子，不要憂慮。我會照顧你，你是我的。你屬於我。沒有人可以把你從我手中奪去。你只需要聽我的聲音並且跟隨我。你就不會在我身邊被抓走。有我在你身旁你就沒有什麼可怕的。我會保護你不受任何的傷害。你是我所愛的。從你在母腹中受孕的那一刻起，我就珍惜你，愛你了。即使你走在死蔭的幽谷中，我也會為你在那裡。你有一個偉大的未來。我已經為你準備好了一個豐盛的宴席。我們會一同共度永恆。來，單獨地與我安靜的在一起。當你靜下來，你就會聽到我的聲音。

> 主啊，請說，我在聽。我喜歡聽你的聲音。你的聲音比蜂蜜更甘甜。

氣憤

> （上主問該隱）"你為什麼這麼氣憤，
> 這麼沮喪呢？如果你做得對，就會被悅
> 納；但你如果拒絕做對的事，就要當
> 心！罪就蹲伏在門口，一心要控制你，
> 但你必須要制伏它，作它的主人。"
>
> 創世記4:6-7（新普及譯本）

寶貝孩子，若你對周圍的人有負面情緒的時候，試著把你的想法轉向正面的事情。氣憤和怨恨的情緒很容易就對惡者打開門。對人氣憤和愛人是對立的。當你氣憤時，你的心會變得剛硬。該隱因為嫉妒和氣憤，殺了他的兄弟亞伯。該隱沒有把最好的收成獻給上帝，只隨便拿出一點點。他對上帝的愛是非常膚淺的。他不自求改進反而把他的兄弟給殺了。天父在你沒開口之前就知道你心中所想的。要永遠選擇愛。

> 主啊，請饒恕我多次對別人感到氣憤。幫助我像你一樣去愛人更多。

門

> "我就是門,凡是通過我進來
> 的,必定得救。它們可以自由出
> 入,還能找到肥美的草場。"
>
> 約翰福音10:9(新普及譯本)

在異象中我看見一個白色的門和籬笆,圍住一塊翠綠的草原。其中有許多鳥在歡唱。門外有一片森林,許多的樹,而且是黑暗的。耶穌對我說,"我的孩子,我用愛把你維護在門內。保護你不受任何傷害,也不受那惡者的傷害。只要與我在一起,你就是安全的。不要被引誘到門外去,惡者就在那裡等著要吞吃跟從它的人。靠近我。這樣你就有可靠的夥伴。與我在一起,你就不用為任何的事情擔心了。"

> 耶穌,謝謝你是我的好牧人。我不要
> 獨自迷失在你的門外。我全心愛你。

我父

> "因為我父把他們賜給我，他比任何
> 人都有能力，誰也不能從父的手中
> 把他們奪走。父和我原為一。"
>
> 約翰福音10:29-30（新普及譯本）

在異象中我看見一對連體雙胞胎，身體有部分
是長在一起的。耶穌對我說，"是的，在起初父
和我就一起存在著。好像是這對雙胞胎，我們
在靈裡是連合在一起的。無論什麼事我父要我
去做，我就會去做。我們是合一的。雖然我們
是兩個人，我們的想法是一樣的。我們對你的
愛是相同的，我們的意願也是相同的。當你愛
我，你也在愛我的父。當你愛我的父，你也在
愛我。我們是同一位創造這宇宙的上帝。你是
我們的孩子，我們愛你。"

親愛的天父，我單單要遵行你的旨意。耶
穌，與我同在，求你用聖靈來充滿我。

不審判

> "那些聽了我的話卻不遵從的人，
> 我不審判他們，因為我來是要拯
> 救世人，不是要審判世人。"
>
> 約翰福音12:47（新普及譯本）

寶貝孩子，不要用手指頭去指責人。每次你用一隻手指頭去指著別人，另外三根手指是指向自己。在世上，每個人都會犯錯。沒有人是完美的。你要在你遇到的每個人身上看到他好的那一部分。讓他們知道他們是多麼地獨特，多麼地被上帝所愛，這是因為我寶貴每個靈魂。每個靈魂都像一塊未經打磨的石頭，打磨過之後，可能就成為一粒鑽石。每個人都處在不同的打磨階段，有些已經是光采奪目，非常閃亮，有些才開始這個旅程和過程。耐心地去對待每個人。要去愛和寬恕每一個人。要學我的樣式。愛每個人，就像我愛你一樣地去愛他們。

主啊，求你將你的耐心，慈愛和寬恕賜給我來應付我每天在生命中遇到的人。求你將更多的愛傾倒在我心中。

道路

> "我就是道路，真理，生命。若不是
> 藉著我，沒有人能到父那裡去。"
>
> 約翰福音14:6（新普及譯本）

在異象中我看到一條像《綠野仙蹤》電影裡的黃磚路。耶穌對我說，"寶貝孩子，我就是通往天父的道路。跟隨我，你就會到天父那裡。我是真理，因此，你可以相信我對你說的話。我不會讓你誤入岐途。我是生命。任何跟隨我的人會有豐盛的生命，充滿喜樂和成就的生命，滿有目的與意義的生命。你不會後悔跟隨我的。天父會大大地獎賞你。他會像我一樣用雙臂歡迎你。你會像我一樣地認識他，他會愛你，像他愛我那樣地愛你。"

> 永恆的天父，謝謝你差遣你的獨生兒
> 子來到世上使我可以認識你，愛你。
> 耶穌，我願意放下地上的一切來跟
> 從你進入永生。領我到天父那裡。

陆李南玖

五月

奉我的名

> "儘管奉我的名祈求吧，我必會成全！"
>
> 約翰福音14:14（新普及譯本）

寶貝孩子，你會拒絕你孩子對你的要求嗎？不會的，除非你知道那會對他們不好。我也是如此。你向我求的任何東西，我會給你，除非那是對你不好的。與家人或朋友之間的關係越緊密，你就越容易開口請他們幫助你，因為你知道他們多麼地愛你，在乎你。我們之間也是一樣。最重要的就是關係。一個愛嬰兒的媽媽會拒絕餵她孩子吃奶嗎？不會的，因為孩子是她的。嬰孩是她的親生骨肉。我們之間也是一樣。每天早上在望彌撒時吃喝我的肉和血，你是我的骨肉。你屬於我。當你奉我的名向我祈求時，我絕不會拒絕你。

> 主啊，謝謝你愛我這麼多，把我當成你身體的一部分。我真有福能成為你家庭的一分子。

新命令

> "我給你們一條新命令：你們
> 要彼此相愛。正如我愛你們一
> 樣，你們也要彼此相愛。
>
> "約翰福音13:34（新普及譯本）

在異象中我看到一個紅色的心和一個白色的聖餐餅。耶穌對我說，"親愛的孩子，每一次你領聖餐時，我的白色聖餐餅就會取代你心中的那些自私的細胞。領受我越多，我就越能在你心中作工。最後，你的心將會被轉化成像我一樣純白無私的心。你就能夠像我愛你一樣地去愛別人。你將會不抱怨帶著愛和喜樂去犧牲自我。我將更新你的愛，恢復你的心。你將會被我的愛充滿。"

> 耶穌，為你的愛和這個美麗的
> 異象感謝你。我永遠會珍惜這
> 個異象。主啊，我愛你。

父

> "你們要相信，我在父裡面，父也在我裡面。"
>
> 約翰福音14:11（新普及譯本）

父與我合而為一。當你每天早上領聖餐接受我時，你也接受了天父。我來到世上是要遵行我天父的旨意，我與父是一體的。我們住在你裡面，你也是與我們合在一起，遵行我們的旨意。通過這個合一，你成為我們忠心的門徒。這樣，你的每一個行動都是有效的。沒有行動是白費力氣的。　合在一起，我們能征服全世界。每天早上當邀請我們住在你裡面。每天早上先邀請我們與你在一起才起來離開床鋪。每分鐘我們都會與你同在，在你為我們所做的一切事上指導你。你是我們所愛的孩子，平安地去幹活吧！

主啊，今天，每天我都邀請你進入我的心。我願順服你所有的提示。天父，我在這裡要遵行你旨意。求你賜我勇氣能從我舒適熟悉的環境中走出來。

苦難

> "我們進入上帝的國，必
> 須經歷許多苦難。"
>
> 使徒行傳14:22（新普及譯本）

我愛的孩子，若沒有犧牲就沒有真實的愛。除非有人花時間，精力去建造，就不會有房屋。作門徒也是一樣。保羅願意被石頭打，栓上鎖鏈關進監牢，經歷海難。同樣，你必須經過困難，淨化成為剛強，如此你才有能力去成就上帝的國度。這值得你所有的努力和犧牲。當你在地上，每天都要奉我的名為別人行善。不要浪費任何機會去告訴每一個人有關我為他們所預備的天國。

> 主啊，我在這裡。我來要遵行你的旨意。求你每天與我同在。指示我當行的路。賜我力量去勝過所有的困難。

園丁

> "我是真葡萄樹，我父是園丁。"
>
> 約翰福音15:1（新普及譯本）

在異象中我看見一個葡萄園。園中有一棵大樹
——生命樹——就是耶穌。耶穌對我說，"寶
貝孩子，我是葡萄樹，你是枝子。只要在我裡
面，你就會多結果子，因為我的樹會給你豐盛
的生命。你心中會經歷到真正的平安，慈愛與
喜樂。離開了我，你就完全無用，結不出果
實，只能被丟棄燒毀。要住在我裡面，學我的
樣式。葡萄園的園丁，天父，會修剪你，用活
水滋潤你。你就會開花成長。"

> 主耶穌，沒有你我什麼都不能做。我
> 需要你在我的生命中。我屬於你。

所有信靠我的人

> "我來是要作光，好照亮這黑暗的世界，
> 讓所有信靠我的人不再留在黑暗裡。"
>
> 約翰福音12:46（新普及譯本）

在異象中我看見耶穌走在我前面，用他的光指引我。耶穌對我說，"我是世界的光，你越靠近我，就會越清楚地看見真理。與我在一起，你會像在大白天那樣看事情。因為你信靠我，沒有事情是隱藏的。不信靠我的人看不見真理，他們行走在黑暗與混亂當中。你卻有光在前面帶領你走在正路上，你不會摔跤，跌倒。你有生命的光。"

> 主啊，我信靠你。你是世界的光。我要永遠跟隨你。

保羅和巴拿巴

> "大家都安靜地聆聽巴拿巴和保羅,聽他們講述上帝藉著他們在外族人當中施行的神跡奇事。"
>
> 使徒行傳15:12(新普及譯本)

通過我的兩個門徒保羅和巴拿巴,我行了許多奇事,因為他們是我忠心的僕人。事實上,在這世上你到處可以看到許多的神跡奇事。看著大自然,就可以看到有更大的神跡奇事環繞著你。對我來說,沒有什麼事情是不可能的。即使在死亡谷,美麗的花朵會綻放。我已戰勝死亡。重生與更新會一直出現。我把生命賜給絕望的人。把喜樂賜給憂鬱的人。把鼓勵賜給那些放棄希望的人。如果你去服侍別人,你會行出更多的神跡奇事。你不會空手而回,會帶著喜樂和歡笑回到我身邊。我是一位令人驚嘆的全能上帝。

創造宇宙的上帝,我讚美你。眾天使與聖徒的創作者,我讚美你。主啊,有了你所有事情都是可能的。

我的朋友

> "你們若遵行我的吩咐，就是我的朋友。"
>
> 約翰福音15:14（新普及譯本）

親愛的，你是我的朋友。我揀選了你，你也回應了我的呼召。你任何時候都可以依靠我，就像對你的朋友一樣。你可以淘心淘肺地傾訴，我會聆聽，安慰你。在有需要的時候，你可以信任我。我會在那裡支持你。你能與我一起慶祝，一起高興。你可以靠在我肩膀上哭泣，我會安慰你。你可向我開口求情，我不會拒絕你。我是你最好的朋友。你可以一直依靠我。你的朋友可能會令你失望，但我會永遠支持你。這才是真正友誼。所以當你有需要的時候，到我這裡來。我的孩子，我與你同在。

> 耶穌，謝謝你。你是我們可以有的最好的朋友。我全心全意地愛你。

世人恨你們

> "如果世人恨你們，就要記住，在恨
> 你們之前，他們已經先恨我了。"
>
> 約翰福音15:18（新普及譯本）

在異象中我看見耶穌身上滿有亮光與榮耀。他的仇敵都非常怕他。他們像蟑螂一樣地恨惡亮光。當他們看到光，他們就做鳥獸散。耶穌對我說，"親愛的孩子，我是世上的光。但是這世界喜歡黑暗，因為在黑夜裡，他們會行各種惡事。光把他們的罪行都顯明出來。你也是一樣。當你的光照在人前，那些在黑暗中的不願靠近你。他們嫉妒你，而且恨你顯出他們的罪行來。你不要怕。我站在你旁邊。讓你的光成為那些迷路，需要指引的人的指路燈。"

> 耶穌，讓你的光照亮全世界。
> 幫助我站穩在你的光中。

我也住在他裡面

> "我是葡萄樹，你們是枝子。那些住在我裡面的，我也住在他們裡面，他們就多結果子。因為離開了我，你們就做不了什麼。"
>
> 約翰福音15:5（新普及譯本）

在異象中我住在耶穌裡面，他的身體把我完全包起來好像一件宇航服。當我遠離他的那分鐘，我的空氣就停止供應了。若靠近耶穌，我就能在他裡面好好地呼吸。耶穌對我說，"寶貝孩子，我住在你心裡，你也住在我心裡。你若一個人跑掉了，我就不能支持你。當你住在我裡面，你的動作就不再只是你的動作。那些動作就變成是我的了。每件我們在一起做的事就像是一個人做的，而且會結出許多果實來。"

主耶穌，不要讓我與你分開。你是我的生命，我的拯救。我只需要你。

教導你們所有的事

> "當父差來護慰者，就是聖靈，作我的代表時，他會教導你們所有的事，也要使你們想起我對你們說過的一切。"
>
> 約翰福音14:26（新普及譯本）

寶貝的孩子，聖靈是上帝的智慧。有了聖靈，你就能從上帝的眼光看清每件事。你會知道真理，分辨是非。他會引導你走對的方向，在正確的時間說正確的話。你將能像我一樣地愛人，醫治人。所以常常求告聖靈。呼喚我的名字，我就會差遣聖靈臨到你。在每件事情上，他會教導你。

> 求你來，聖靈，求你來。用你的智慧充滿我。教導我上帝的道路，顯明我當走的路。

就永遠不渴

> "但誰喝了我所賜的水，就永遠不渴。
> 我所賜的水要在他們裡面成為活水的泉
> 源，湧流不息，讓他們有永恆的生命。"
>
> 約翰福音4:14（新普及譯本）

寶貝孩子，我給你的水是**免費**的，永遠會為你
預備。但你要到我面前來向我要。我的水能使
你恢復精力，更新你的靈魂。它會潔淨你所有
的罪，給你力量和活力去做我的工作。它會滿
足你屬靈的需要，也滿足你身體所有的需要。
沒有我的水：上帝的話，你就沒有生命，你會
死亡。我的孩子，天天來喝我的水。

> 主啊，你是生命的活水。賜我你
> 的水使我的靈魂不再渴想你。

燈

> "這城也不需要太陽或月亮,因為上帝的榮耀照亮這城,羔羊就是它的燈。"
>
> 啟示錄21:23(新普及譯本)

在異象中我看到一座十字架形狀閃亮的燈。任何人觸摸這十字架就會發光像十字架一樣的閃亮。耶穌對我說,"寶貝孩子,任何人前來摸我就會有我一樣的光。將每個靈魂帶到我這裡,使他們得到亮光。我要全世界都有我的光,明亮起來。每個認識我和摸我的人就能把我的光分給那些在黑暗中的人。我的光能除去靈魂中黑暗的部分。它會向你顯明正確的道路,將愛與喜樂賜給你。來觸摸我的燈。與我合而為一。讓你的光照耀。"

> 耶穌,謝謝你給我這麼美的異象。讓我不會太累以至不把別人帶到你的光面前。求用你的光來充滿我。

護慰者

> "因為我要是不去，那位護慰者
> 就不會來；我去了以後，我才
> 會差遣他到你們這裡來。"
>
> 約翰福音16:7（新普及譯本）

親愛的孩子，當你接受孩童洗禮的時候，你就
有護慰者在你的裡面。你信靠我而且向我求要
護慰者。任何向我求聖靈的就會將他所求的賜
給他。我渴望每人都被聖靈充滿。聖靈和我原
為一，就像我天父與我原為一。我們會來住在
你裡面。你只需要邀請我們來進入你的心裡。
護慰者會安慰你，並且帶領你。他會指引你該
走的道路。他會保護你不受任何的傷害，因為
我已經戰勝那惡者。我來到世上就是要勝過死
亡和罪惡。你被釋放了，我的孩子。接受我的
聖靈，那護慰者。

> 親愛的耶穌，用你的護慰者充滿我。
> 我需要你的智慧和知識。我需要你的
> 引領和保護。請來，聖靈，請來。

真理的聖靈

> "等到真理的聖靈來了，他會引導你們進入一切的真理。"
>
> 約翰福音16:13（新普及譯本）

真理的反面就是謊言。我就是真理。我的仇敵，那惡者，就是謊言。若你跟從我，真理就會釋放你得自由。若你跟從謊言，它就會毀滅你。你的裡面就沒有生命了。活在真理裡就是活在光中。你會有平安，慈愛和喜樂。活在謊言和欺騙裡，你會經歷痛苦，恐懼，受苦，沮喪，和最後的死亡。親愛的孩子，要被我真理的靈所充滿。他會引領你，帶你到永生。當你作事時，他會賜你知識和智慧。他會天天給你勇氣和自由來跟從我。

謝謝你，耶穌，讓我認識真理的靈。你是我的主，我的上帝。我愛你，我敬慕你。

天上

> "正祝福的時候，他離開他
> 們，被接到天上去了。"
>
> 路加福音24:51（新普及譯本）

雖然我離開門徒了，他們還是充滿了喜樂，因為他們不但見證我的人性，也看到我的神性。他們知道我是去天父那裡。他們高興因為他們知道我去，是要在天上為他們預備地方。你也歡喜因為我在心裡為你準備了一個地方。我的心就是你的天。　我的心滿有喜樂，平安和慈愛。不要害怕。你永遠在我心中。你被保護不會受到任何傷害。我在天上。無論何時你來到我面前，你就在天上。我的孩子，到我這裡來。

主耶穌，與你在一起就有完全的愛，平安與喜樂。我要永遠與你在一起。

彼此相愛

> "你們要彼此相愛，像我愛你們一樣，這就是我的命令。"
>
> 約翰福音15:12（新普及譯本）

親愛的孩子，我沒有要你去愛全宇宙。我只說你們要彼此相愛像我愛你們那樣。一次愛一個人是比較容易的。當你與那人在一起的時候，愛他，專注他。無私的，有耐心的。要有同情心，憐憫心。全神關注他。不要批評，或給建議，除非是他要的。人們非常渴望被聆聽。他們需要別人真正的關心並且照他們的本相去愛他們。只有完全地接納他們的軟弱和不完美，你才能激勵他們有所改變。去，用我的愛去愛他們。我全心愛你。

> 我的上帝，我的救主，我也愛你。不要讓我與你的愛隔絕。

無論向父求什麼

> "到了那天，你們什麼也不會問我了。
> 我實實在在告訴你們，你們奉我的名
> 無論向父求什麼，他必定賜給你們。"
>
> 約翰福音16:23（新譯本）

天父與我原為一。我們是非常親密和相愛的。
這就是為什麼當你奉我的名求什麼，天父就會
賜給你。他不會拒絕你的祈求。這就是我想要
從你那裡得到的愛。我要與你緊緊地在一起，
這樣，你可以向我求任何東西，我都會賜給
你。記不記得你問你的兄弟為了要裝修一個小
教堂而捐錢？你知道無論你向他要多少，他都
會給你：因為他愛你。而且他知道你也愛他。
我要的就是與你一同經歷這樣的相愛和信任。
你可以向我求任何事情，我絕不會拒絕你，你
可以相信我和天父。

　　主啊，你是如此地有愛心，令人敬畏的上
帝。我信靠你，要一無所懼地向你祈求。

得救

> "我該做什麼才能得救呢？"
>
> 使徒行傳16:30（新普及譯本）

每一個相信我的必將得救。聽起來好像很簡單。但卻是真的。我到世上來拯救而不是來定罪。我渴望每個人能與我一同享受天上的盛宴。但是，太多的人忙著世上的事和要照自己的意思而行。但是你，我親愛的，選擇了信靠我並遵行我的旨意。我在天上已為你準備好了一個特別的地方。

> 主耶穌，我全心全力地信靠你。求你增加我對你的信心，你是世界的救主。

說別國語言

> "因為他們聽見這些外族人在說
> 別國語言,並讚美上帝。"
>
> 使徒行傳10:46(新普及譯本)

寶貝的孩子,當你被聖靈充滿,你就會做我要你做的事,雖然你當時可能都不瞭解。當你完全降服遵行我的旨意時,能說別國語言就是一個這樣的例子。你越是降服於我,我就越能用你。說別國語言是給那些願意信靠我,遵行我旨意的恩賜之一。當你在說別國語言時,你就在榮耀上帝。

> 主啊,差遣你的聖靈來讓我可以被
> 你的愛所充滿。在我所行的一切
> 事上,我要讚美你,榮耀你。

能力

> "但當聖靈臨到你們身上，你們就會得著能力，在<u>耶路撒冷</u>，<u>猶太</u>全地和<u>撒瑪利亞</u>，直到天涯海角，作我的見證人，到處傳講關於我的事。"
>
> 使徒行傳1:8（新普及譯本）

我的孩子，你必須敞開心從天父那裡領受能力。祈求並邀請聖靈每天與你同在。每天早上在準備出去為主作工時，你需要被他的能力和慈愛所充滿。沒有聖靈的能力，你不能做什麼討上帝喜悅的事。只有藉著他的指示和智慧，你才能成為他真正的門徒。他會用他的恩賜給你能力讓你去為他做大事。而且會是持久的工作。這些工作會將尊榮和榮耀帶給天父上帝。帶著平安與喜樂去吧！

> 聖靈，用你大能的愛來充滿我的心。沒有你，我什麼也不能做。有了你，什麼都是可能的。

我已經榮耀你

> "我在地上已經榮耀你，你所託
> 付我的事，我已成全了。"
>
> 約翰福音17:4（和合本）

我的孩子，每天為我們唱一首新歌。你的讚美是我們的榮耀。讓你的心與其他人連結在一起。讓你的眼睛看世界如同我們一樣的眼光。讓你的手按我們的安排去做事情。讓你的腳走在聖地上。我們在那裡，你也在那裡。去完成我們要你做的工作，就是把榮耀歸給我們。我們與你同在，你不需要為任何事情焦慮。你會完成每一件我們給你安排的任務。所以不必憂慮。所有的事將會按我們的旨意去完成。緊靠著我，我們會指引你，在所需的事上支持你。

主啊，願所有的天使和聖徒榮耀你。盼望所有天使天軍都向你唱"哈利路亞"。聖父，聖子，聖靈，我讚美你，榮耀你。

更為有福

> "你們要記住主耶穌的話：'
> 施比受更為有福。'"
>
> 使徒行傳20:35（新普及譯本）

在異象中我看到一條河，在水中滿有各種活物和魚類。然而在個死湖———像死海———就沒有任何活物在其中。耶穌對我說，"寶貝孩子，你給出去的越多，我就越能加倍的行神跡。你會像那個小男孩，願意去分享他的五個餅和二條魚。在他眼前，他會看到神跡出現。他不太能相信那一點點食物能餵飽五千人而且還有許多剩的。你能看到他臉上因喜樂和驚訝的光芒嗎？這就是我要你去做的。去與有需要的人分享你僅有的。我會豐盛地回報你。"

> 主啊，給我一顆大方慷慨的心。改變我，塑造我成為你的形像和樣式。我要去給，要像那個小男孩一樣地去和別人分享我所有的。

你無所不知

> "'主啊，你無所不知，你知道我是愛你的。'耶穌說：'那就餵養我的羊。'"
>
> 約翰福音21:17（新普及譯本）

親愛的孩子，你做的事，說的話，或心裡所想的，都無法向我隱瞞。我比任何愛你的人更認識你。當你還在母腹時，我就知道你。當你被別人傷害時，我聽到你的哭聲。當你得重病，虛弱的時候，我感受到你的疼痛與受苦。當你覺得孤單，沒有人在乎你的時候，我在你旁。我比世上任何人更瞭解你。我怎麼能不愛你呢？我照料你恢復健康，把你從黑暗中拯救出來，教導你所知道的。你是屬我的。像<u>彼得</u>一樣，去餵養我的羊。來跟從我。

> 主耶穌，你是我的最愛，是我最好的朋友，是我生命的中心。我要永遠跟隨你。

狂風

> "忽然，天上傳來一陣聲響，猶如狂
> 風呼嘯，充滿了他們所在的房子。"
>
> 使徒行傳2:2（新普及譯本）

我的孩子，我不是來毀滅而是要建造。颶風會毀滅它所碰到的一切。我的狂風，也就是聖靈，是來建造教會。就在那五旬節，我的門徒得到膽量和能力出去傳揚好消息。那天早上我的門徒帶領三千人信主。我現在也要在你和你家人身上做同樣的事。當有耐心，敞開心胸，願意被聖靈充滿。聖靈將像狂風而來。

> 耶穌和聖靈，我邀請你來到我家裡。
> 你是我們的盼望，我們的拯救。

要聖潔

> "但現在你們所做的一切都要聖潔，就像
> 揀選你們的上帝是聖潔的一樣，因為聖經
> 說：'你們要聖潔，因為我是聖潔的。'"
>
> 彼得前書1:15-16（新普及譯本）

我所愛的，聖潔就是在做事時，一直想到我。
每行動都當帶著愛心與關懷。讓憐憫和恩慈成
為你首要考慮的因素。讓我為你設定的計畫成
為你的計畫。讓你所做的每件事都榮耀天父。
讓你的愛和寬恕彰顯出來。人看到你，就會看
到我。當人求幫助或醫治時，你會放下手上的
事，去服侍他們。當我在地上時，我就是這樣
的。我會徵詢天父的同意才去行動。我要用愛
去戰勝邪惡。我要每個人都能得救。去，照樣
行吧！

> 主啊，求你用你的愛和智慧更多地充滿
> 我。天天幫我像你一樣的去做和說。

杯

> "我所喝的杯，你們也要喝，我
> 所受的洗，你們也要受。"
>
> 馬可福音10:39（和合本）

親愛的孩子，我給你的這杯，是我的血。你再不需要去承受超你能忍受的痛苦。我的身體和我的血會支撐著你。當你走不動的時候，我會抱著你走。我會賜你力量和勇氣去喝那個我為你計畫的杯。不要擔憂或焦慮，我會一直在你身邊。我會寶貝你，就像你會寶貝你的孩子一樣。我會一直保護你，不讓你受到任何傷害。我會把你藏在我的翅膀下。信靠我。

> 主啊，我在這裡。謝謝你寶貴的
> 身體和寶血每天支撐著我。

高尚正直的行為

> "你們在不信的人中間要小心謹慎地生活，這樣，就算他們指控你們作惡，也會看到你們高尚正直的行為。並會在上帝審判世界的時候把榮耀歸給他。"
>
> 彼得前書2:12（新普及譯本）

我的孩子，要以善報惡。不要對任何人心懷怨恨。要有憐憫心與同情心。要有愛心。用愛回報仇恨。你的行動勝過言語。真理會使你自由。當人誣告你的時候，不必為自己辯護。繼續行善。繼續說明一切有需要的人 。當人向你祈求時，要慷慨大方。若求你為他們禱告，就按手在他們身上。當他們病了，探訪他們並為他們得醫治而禱告。他們若餓了，給他們食物。他們抑鬱了，要使他們振作起來，給他們盼望。要緊的是，要像我愛你那樣去愛他們。成為我的手和我的腳去對待他們。

是的，主啊，我會善待所有向我求助的人，包括那些不愛我的人。求用你對他們的愛來充滿我。

相信

> "我告訴你們，你們可以為任
> 何事情禱告，只要相信自己已
> 經得著，就一定會得著。"
>
> 馬可福音11:24（新普及譯本）

寶貝的孩子，你難道不相信我能成就每一件事
情嗎？我創造了這個宇宙。你不相信我能夠供
應你一切所求的嗎？你相信我是愛你的嗎？我
會拒絕你向我的請求嗎？你會拒絕你的孩子或
你的愛人向你的請求嗎？你不總是應允他們的
願望嗎？你現在該知道為什麼當你祈求時，我
就會為你成就。你還在懷疑我愛你嗎？你認為
我能拒絕你嗎？要記住我為你死在十字架上。
我為你舍去生命。小子啊，全心地相信我吧！

是的，主啊，我真是相信你。
幫助我每天更多地相信你。

一切的真理

> "等到真理的聖靈來了，他會引
> 導你們進入一切的真理。"

約翰福音16:13（新普及譯本）

聖靈會教導你所有的事情因為他是真理的智慧。我差他到你那裡去為的是去啟發你的心思並且引領你走在正路上。他會向你顯示有關我們和宇宙的真理。你會從另一個角度來看事情。你會明白及跟隨真理。真理會使你得自由。當你更知道我們的時候，你會特別的喜樂。天父，聖靈和我是同一位上帝，三個位格。我們彼此的愛是遠超乎你能理解的。當你愛別人像我們愛你那樣時，你就摸到一點真象了。當真理的聖靈來到時，你會經歷極大的喜樂和平安。所以，求聖靈來到你的生命中。讓他引導你所做的一切。

> 永生上帝的靈，重新臨到我。塑造
> 我，引領我去遵行你的聖旨。

非常仁慈

> "你今天對我實在是非常仁慈，上主將我放在這樣的境地，你本來可以殺我，可是你沒有這樣做。"
>
> 撒母耳記上24:18（新普及譯本）

我的孩子，當愛你的仇敵。傾倒祝福在他們身上。只有這樣才能改變他們的心。愛能醫治。愛能熔化仇恨的心。對人要大方，特別是對那些需要愛的人。這些人缺乏愛，因為他們沒有被愛過。他們在錯誤的地方去尋找愛。只有我才能給他們他們所欠缺的。所以去用我的愛去對待他們。將你的愛和憐憫傾倒在他們身上。用我的祝福去膏抹他們。不住地為他們禱告。寬恕他們對你所犯的錯。不要對他們心懷苦毒或怨恨。只要用我善良和憐憫的心去愛他們。

> 耶穌，給我一顆像你那樣大方的心以至於我能夠像你一樣地去愛每一個人。主啊，擴張我的心。

六月

對上帝的信心

> "我們若按著上帝的旨意祈求，祂必垂聽，這是我們對上帝的信心。"
>
> 約翰一書5:14（當代譯本）

在異象中我看見自己站在隊伍中準備去打仗。敵人也都站成一排面對著我。那時，我看到一個超大的巨人站在我旁邊。當敵人看見這巨人就都嚇跑了。耶穌對我說，"我的孩子，對我要有信心。有我在你的旁邊，你就沒有任何事情好怕的。沒有惡事會碰到你。在我保護之下，你可以勇往直前，走在正路上。你會戰勝一個又一個的戰役。我聽到你的禱告，甚至你沒有開口之前，我就會回應它們。不要怕，每一步我都與你同在。我看到你的將來，並知道你的需求。　你不必擔心。每天都盡力地去活。我在你身旁。

> 主啊，有你在，我就不怕。我知道你一直在保護我，不讓惡者靠近我。我降服在你手中。

余錢

> "他們不過是從自己的余錢中拿
> 一點出來；但她那麼貧窮，卻
> 獻上了賴以為生的一切。"
>
> 馬可福音12:44（新普及譯本）

親愛的孩子，這是一個不要去論斷別人行為的功課。那個窮寡婦雖然只獻上兩個小錢，但她給的比那些富人給的還要多。有時，人並不清楚別人的意圖與動機，就對別人下定論。人只能給他有的，雖然他擁有的可能非常的少。我知道每一個人的內心及他的背景，因此只有我才能公平的成為所有人的法官。當從這個故事中學功課。你在給予時要大方，不只是從你多餘的財富中給，而是要從你內心去給。若給是來自於內心，你就會帶著愛去給。這樣的給於，你才能得到天父的報償。

> 主耶穌，給我一顆愛人而且大方
> 的心，幫助我每一天更加地像
> 你。幫助我不去論斷別人。

心高氣傲

> "要彼此和睦相處;不可心高氣傲,倒要樂於跟平凡的人相處;不要自為通曉萬事!"
>
> 羅馬書12:16(新普及譯本)

我的孩子,我看每個人都是寶貝的。因此你當用愛與尊敬來對待彼此。不要覺得你比別人更好,因為我給每個人的才能和恩賜是不同的。每個人都是獨特的。所以不要覺得你自己比別人更好,更聰明。我的母親馬利亞懷我在她腹中時,還急忙跑去幫助她的表親伊利沙伯。她沒小看腹中正懷著約翰的伊利沙伯。我的母親與伊利沙伯一同慶祝並且使她的日子舒適。在那三個月,我母親甚至為伊利沙伯洗衣燒飯。她像傭人一樣做所有卑下的家中雜務,幫助她的表親度過那些困難的日子。為了上帝的敬意和榮耀去做每件事吧。

> 馬利亞,我的母親,為我禱告使我能像你一樣去服侍別人。主啊,求你賜我一顆謙卑關愛的心。

新地

> "但我們所盼望的是上帝應許的新天
> 新地，那裡充滿了上帝的義。"
>
> 彼得後書3:13（新普及譯本）

在新天新地，就不會再有眼淚和苦難。只有心
思像我這樣的人才會出現在天上。每一個人都
充滿著愛，對別人有愛心和憐憫。每個人會照
顧別人的需要。那會是非常幸福和喜樂的，因
為愛就是喜樂。親愛的孩子，你看過正要去度
蜜月的新婚夫婦嗎？好高興！好幸福！這也是
你進到新天新地時的狀況。在那裡你會被每個
人無微不至地照顧和關愛，尤其是被我，天父
和聖靈寵愛。

> 主啊，帶我去那裡。我已經預備
> 好了要與你在永恆裡。我迫不及
> 待地等著新天新地的到來！

盡心

> "你要盡心,盡性,盡意,盡力愛上主你的上帝。"
>
> 馬可福音12:30(新普及譯本)

寶貝的孩子,你愛我的心會增長。一個嬰孩,一開始他先發現了自己的手。他會欣賞並檢查那只手,後來他注意到你的手,把你的手放進口裡。他噹噹,舔舔。嬰孩長大成熟之後才會為別人服務。一個二歲大的孩子,只會想到他自己——我,我,我。許多人就卡在這個時期。直到學習到為別人犧牲時,人才會成熟成為一個有愛心會照顧別人的人。繼續地去發展完全的愛。不只是關心自己,更多地為別人著想。先考慮別人的需要,才想到自己。這樣,你才會像我愛你那樣地去愛別人。

> 主耶穌,我需要更多你的愛和仁慈。求你讓我有你那樣的心。改掉我的自私變得更為大方,更有愛心。

整部聖經

> "整部聖經都是人在上帝的感動下寫的，它能教導我們什麼是真理，指出我們生活中犯了什麼錯誤，糾正我們的過犯，教導我們做正確的事。上帝用聖經裝備他的子民，預備他們去做各樣的善事。"
>
> 提摩太后書3:16-17（新普及譯本）

在異象中，我看見一個藏寶箱裡面裝滿了珍珠，金幣和漂亮的首飾。耶穌對我說，"寶貝的孩子，聖經就像一個藏寶箱。裡面的東西都是價值連城的。我的話是有能力的，不會徒然返回。我藉著我口中的話創造了宇宙。我的話能醫治也能毀滅。當我咒詛那棵無花果樹時，它的樹根就被催毀了，沒有人能再從那棵樹上吃到無花果。當我祝福的時候，那祝福就會傳到千萬代。所以要天天研讀聖經。珍惜每個字，因為它們真的是我對你所說的話。它們會在你做的事上引導你。讀我的聖經，你和全家的人都會蒙福。"

主啊，你的話是我腳前的燈，是我路上的光。謝謝主賜我你的聖經。我珍惜它勝過黃金。

七倍

> ″因為報答世人的上主，必
> 要七倍地報答你。″
>
> 德訓篇35:13

在異象中，我看見一個人在山洞裡唱歌，他的聲音發出回聲，多次地轉回到他面前。耶穌對我說，″孩子，你為別人做的每件小事，天父會獎賞你七倍。每次你送人禮物時，就會有更多的回報給你。一塊小石頭丟進水裡會引起漣漪的連鎖反應。同樣的，你向別人所行的每個善良，耐心和慷慨的舉動都會有相同的結果。天父看見你做在別人身上的每一個好行為。不要讓任何一天過去而不去將仁慈和慷慨行在那些有需要的人身上。祂在天上會償還你。″

> 主啊，加強我的意願去説明有需要的人。擴充我的心，幫助我越來越像你。

心靈純潔

> ″上帝賜福給心靈純潔的人，
> 因為他們必會見到上帝。″
>
> 馬太福音5:8（新普及譯本）

親愛的孩子，一個有清潔心的人會愛人不止息，而且在她心中沒有任何邪念。她心中充滿了仁慈和憐憫，愛人愛到痛的地步。一個透明的心是沒有瑕疵的，能穩妥地站在真理與上帝面前。一個清潔的心能夠愛也能夠饒恕。仿效我和我母親的心。我們的心都是滿了熱血——充滿了對所有人的愛和憐憫。我們的心都受了傷，卻沒有阻止我們繼續去愛，繼續去給。當我的血從肋旁流出來的時候，我對你的愛也一樣地向你流出。只有一個清潔的心能夠看見上帝的面容。

　　噢，耶穌！憐憫我。給我更多的愛使我能像你愛我一樣地去愛別人。

與你們同在

> "我一直與你們同在,直到
> 這個時代的末了。"
>
> 馬太福音28:20(新普及譯本)

我的孩子,我不只是與你同在,我還住在你裡面。我住在你心中。你是屬於我的。我會一直在你那裡支持你。常常呼求我,在你做的一切事上來求助於我。我比任何人與你都更親近。我知道你心中的每一個想法。我知道你的欲望與挫折。你的開心與憂傷我都知道。我會一直在你身旁安慰你,引領你,及愛你。你能感受到我在你裡面嗎?

> 主啊,謝謝你一直在那裡支持我。
> 耶穌,我知道你不會離開我或棄絕
> 我。耶穌,我愛你,我信靠你。

被稱為大

> "凡是遵行上帝的律法，又教導別人
> 去遵行的，在天國裡要被稱為大。"
>
> 馬太福音5:19（新普及譯本）

在異象中，我看見一個我小時候用線軸做的
玩具。在線軸的兩頭刻著"之"形的圖案。在一頭
上釘著一根小釘子。我們把橡皮筋穿過線軸的
洞纏在一個小木棍上。如果沒有"之"形刻痕的
話，線軸就會太光滑不能爬在其它東西上。有
了刻痕的圖案，線軸就可以爬到不同地方去。
耶穌對我說，"這就跟我的誡命是一樣的。若不
順服誡命，就不能進入我的國度。愛我就是要
遵行我的誡命。若沒有誡命刻在你的心版上，
就不會聖潔而且毫無瑕疵。有愛就能進入我的
國度。　愛與誡命是緊密相聯的。愛若沒有誡命
就像一個敲不響的鑼。我的國度看重的就是要
愛人。在那裡，就兩條誡命：盡心，盡性，盡
意，盡力地愛上帝。第二條誡命就是要愛人如
己。將我的愛和我的誡命去教導人。

> 親愛的耶穌，遵行你的誡命是我的喜
> 悅。求你幫助我去與人分享你的愛。

發怒

> "你們就是對人發怒，也要受審判！"
> 馬太福音5:22（新普及譯本）

寶貝孩子，學習我的榜樣。我不會對人發怒，甚至那些迫害我的人。我愛每一個人。我會譴責他們的行為，但我卻不針對他們個人發怒。看到那些生意人把天父的居所搞得亂七八糟，我很生氣。我把兌換銀錢的人趕出聖殿，因為我不要他們把天父的居所變成一個地攤。我恨惡罪，但不恨罪人。怒氣會毀壞人的健康。憤怒若不饒恕會變成怨恨。怒氣就會像癌症一樣滋長在你的身體裡，損害你的健康。你必須及時去處理你的怒氣。不要在太陽下山之後還繼續生氣。求我來除去那些傷害你的東西。要不然你的健康和生命就會被毀壞。讓我醫治你的怒氣。

> 主啊，我已饒恕過去每個傷害我的人。我不再對任何人心中保持怒氣。我要像你一樣地去愛人。

她的心

> "他母親把這些事全都記在心裡。"
>
> 路加福音2:51（新普及譯本）

我和我的母親只會去做天父要我們去做的事。我們的心思和意念是完全一致的。我們每天為天父的榮譽和榮耀而活。我們禱告，聆聽，遵行他的旨意。我母親和我心中只有一個想法，就是去做聖靈要我們去做的事。我們全心地愛你們每一個人。你們在天上要與我們永遠地聯合在一起。需要我們的時候，我們就會在你的身旁。我們會幫助你把每天瑣碎的工作變成愉快的神跡。常常呼求我們，我們會回應你，幫助你。你可以信靠我們。

親愛的耶穌，我將我的心獻給你。主啊，求你擴展我的心。

鹽

> "你們是世上的鹽。如果鹽失去味道，又有什麼用呢？你能使它再鹹嗎？它只會被丟棄，被當作廢物任人踐踏。"
>
> 馬太福音5:13（新普及譯本）

鹽是很珍貴的。在古時它和金子一樣地昂貴，因為鹽能殺菌，添加味道，及保存食物。這就像聖靈的恩賜，它醫治，恢復活力，和將愛，平安與喜樂帶給其他的人。寶貝的孩子，在受洗的時候，你從聖靈領受到了許多的恩賜。去吧，成為世上的鹽。你當去保守住每個靈魂，增長他們的靈命，從惡者手上釋放他們。

> 主啊，我在這裡，預備遵行你的旨意。求你用聖靈充滿我。

我走失的羊

> "我找到那只走失的羊了，
> 　來跟我一起歡樂吧！"
>
> 路加福音15:6（新普及譯本）

你知道當一個罪人悔改，歸回正路時，我們在天上是如何的喜樂嗎！我的孩子，去將我走失的羊尋找回來。他們迷失了。他們不知覺地離開了我。去把他們帶回來吧。幫他們找回正路。把他們放在肩膀上，帶回到我面前。我們會為每個你領回正路的靈魂歡喜和慶祝。你現在是我的手和腳了。你要做我的心去愛這些受傷，不知道我愛的人。你要當我的口，去將我的愛告訴所有的人。你願意去尋找我迷失的羊嗎？你願意去把他們帶回到我身邊嗎？

> 主啊，是的，我願意去尋找迷失的羊把他們帶回到你身邊。我要去把好消息帶給他們。

罪已經赦免了

> "耶穌又對那女人說:'你的罪已經赦免了。'"
>
> 路加福音7:48(新普及譯本)

親愛的孩子,每次你意識到你犯了罪的時候,我都知道你的感受。透過悔改,你與我更加親近。經過饒恕,你會知道我是多麼地愛你。我已用我所受的苦為你的罪付上了代價,而且把那些罪都釘在十字架上了。現在沒有任何東西可以把我們分開。你只需要來到我面前,求我的饒恕,就像那位用她的眼淚來洗我的腳,用她的頭髮來擦乾的婦人。她對我的愛,醫治了她。我的寶血也洗淨了你。你不再有罪,在我眼中你是毫無瑕疵的。你已被我救贖,被我赦免。現在去同樣地對待別人。讓他們知道你對他們沒有任何的意見。讓他們經驗你的大愛和理解就像我對你那樣。

主啊,赦免我每次得罪你的過錯。求你洗淨我,幫助我不再犯罪。

播種多

> "農夫種地，播種少，收穫就
> 少；播種多，收穫就多。"
>
> 哥林多後書9:6（新普及譯本）

我的孩子，你做的每件事，都是有後果的。你豐盛地給予別人，他們就會照樣地回饋你。若他們沒有回報你的仁慈，你天上的父親會百倍地報答你。所以打開你的心，慷慨地給予向你祈求的人。不只是金錢，更是你的時間及才能。用喜樂的心去給。做在你弟兄中最小的一個人身上就是做在我身上。

> 親愛的天父，謝謝你給我的一切——
> 你豐盛的恩典和赦罪。幫助我大方
> 地去給予那些向我祈求的人。

不要對抗

> "可是我要說，不要與惡人對抗！"
>
> 馬太福音5:39（新普及譯本）

慈善的愛或基督的愛是以上帝的愛去愛，不是人與人之間的愛。真正的慈善是把別人的需要放在自己之前。我們愛每一個人即使這個人不可愛而且是滿了罪惡。愛能熔化一切的仇恨和罪過。愛可以讓人改變。愛可以挪移大山。我的孩子，向我學習。當他們把我釘在十字架上，我對抗了嗎？當他們剝去我的衣服，我抱怨了嗎？沒有，我盡了全力為的是要拯救你。這結果就是，人的心從惡轉向善，從恨轉為愛。你照樣行吧！

主啊，除去我對受苦的恐懼。給我勇氣去跟隨你的腳蹤。幫助我天天去背我的十字架並讓我更多地去愛別人。

內屋

> "你禱告的時候，要進你的內屋，
> 關上門，禱告你在暗中的父。你
> 父在暗中察看，必然報答你。"
>
> 馬太福音6:6（和合本）

當你禱告時，假想我就站在你面前或在你旁邊。跟我講話就像與你最好的朋友那樣的說。把你的感受告訴我，也將你心中所想的都傾倒出來。除非你把最隱私的想法與我分享，我們只是泛泛之交。真正的朋友才會與對方分享靈魂最深之處。不要怕將你真實的感受告訴我。我會瞭解的。我知道你經歷的一切。將你的思想和心扉向我打開。我一直在等你的邀請。不要怕讓我進入你的心。只有這樣你才能像我一樣地去愛別人。讓聖靈進入你的心。

我最親愛的朋友，我的救主，感謝你。天父上帝，我邀請你來並住在我裡面。聖靈，求你也來！

以利沙

> "在厄裡亞（以利亞）被旋風卷去後，厄裡叟（以利沙）被以利亞雙倍的靈充滿，只用話語就行了許多奇事。"
>
> 德訓篇48:13

寶貝的孩子，以利沙是一個忠心的僕人，我選擇他去繼續以利亞的工作。他離開家人和農夫的工作去跟隨以利亞。他非常謙卑。認為自己連以利亞所做的一半都做不到。所以他要求雙倍的靈來感動他。他認識到他需要所有的說明。他是非常溫和，平緩的，不像以利亞那麼高調。每一個願意服侍我的人都會領受到所需要的恩賜。你願意成為我的僕人和門徒嗎？我會一直在那裡支持你，用聖靈來充滿你。你將得到我的幫助來行神跡奇事。

　　　　主啊，謝謝你揀選我成為你的僕人和門徒。沒有你我什麼也不能做。求你用雙倍的聖靈來充滿我。

你的眼睛

> "你的眼睛就是燈,照亮你的全身。你
> 的眼睛如果健康,全身就充滿光明;
> 眼睛如果壞了,全身就陷入黑暗。"
>
> 馬太福音6:22-23(新普及譯本)

屬靈的世界就和這物質的世界是一樣地真實。
你的眼睛只看到一些觸摸得到的東西。但是在
那看不見的世界裡隱藏著一些寶貝。屬靈的世
界只能被那些聖靈所充滿的人看見。若有聖
靈,你就會看到什麼是或不是真正重要的。屬
靈的世界充滿了天使和聖徒。在他們的心中都
是愛。有了我的光,你就能看到愛在你的周
圍。你會看到良善,恩慈,憐憫,及同情。當
你被聖靈充滿,你的整個身體都會轉變。打開
你的眼睛來看我所看見的。

> 主啊,我要用你的眼光來看其他
> 的人。求用你的光來充滿我。

明天

"不要為明天憂慮，因為明天自有明天的憂慮；今天的煩惱今天擔當就夠了。"

馬太福音6:34（新普及譯本）

寶貝的孩子，把每天當成你最後的一天而活，因為我是活在現今，不活在過去或是將來。今天我與你同在，也就是天天與你同在。我會一直與你同在。每天盡力地去活，不要為明天憂慮。你知道為明天所擔憂的可能永遠不會發生。那純粹是浪費你的精力和時間的。只有今天為我的榮譽和榮耀所做的才算數。其他的想法都是沒有用的。每天要為建造我的國度而活，要將愛和憐憫帶給每一個人，和為了討我的喜悅及榮耀天父而活。每天聖靈都會與你同在，引領你，並賜你力量。

哦，主啊，我是屬你的。幫助我每一刻為了你的榮譽和榮耀而活。

亞伯拉罕的後裔

"你們既然屬於基督，就是亞伯拉罕真正的後裔。你們是承受產業的人，上帝給亞伯拉罕的應許都是屬於你們的。"

加拉太書3:29（新普及譯本）

我的孩子，你是亞當和夏娃的後裔。這是為什麼每一個人都是相連的。每個人都是你的弟兄和姐妹。當你受洗時，你成為我家庭的一分子。你繼承了我所有的親戚和祖先。你依據大衛王的血脈，是皇室家族的一分子，而大衛王是亞伯拉罕的後裔。如果你真正知道你是誰，你會用不同的態度去對待別人。你會去愛每個人像是自己的親屬，會珍惜他們像是你的家人，會愛他們如同自己的骨肉。現在去像我愛你們一樣地彼此相愛。

哇！天父上帝，你讓我對我的家族有一個更廣大的瞭解。何等偉大的見解。求你幫助我去愛每一個人像我自己的親弟兄和親姐妹。

窄門

> "你們只能從窄門進入上帝的國。通往地獄的大路是寬闊的，門是寬敞的，可以讓許多選擇那條路的人進去。"
>
> 馬太福音7:13（新普及譯本）

過舒適生活的人通常不需要我。他們常常忘記我。但是那些經過窄門的人常常呼求我，因為他們需要完全地依賴我。他們不會迷路，會活出豐盛的生命。他們在天上會與我共度永恆，每天都是完全地仰賴我而活。他們會得極大的獎賞。所以當選擇窄門而且與我同行。天天背起你的十字架來跟隨我。

耶穌，你是通往天上的門。無論你帶我去哪裡，我要跟隨你。

造得如此精巧

> "感謝你，將我造得如此精巧！
> 我深知你的技藝非凡無比。"
>
> 詩篇139:14（新普及譯本）

在異象中，我看到不同種類的拼圖塊放在一起形成一個耶穌的圖像。耶穌對我說，"我以永遠的愛愛你。當我創造你的時候，我對你的生命有一個目的——為了建立我的國度只有你能去做的工作。每個靈魂就像拼圖的一部分。每個人都是特別設計出來放在我國度中的一個獨特的位置。就像你在異象中看到的拼圖碎片，每一塊都是非常重要的去形成整個的圖像。你是非常精巧地按我的形像和樣式而造的。"

> 天父上帝，你創造了我，我讚美你。我要時時愛你，服侍你。

不要評斷別人

"你們不要評斷別人，就不會被人評斷。"

馬太福音7:1（新普及譯本）

寶貝孩子，你要知道是因為自己的不完全，你才會去評斷別人。事實上，被你用手指責的人，是與你有同樣的過錯和軟弱。一個驕傲的人會容易地認出另一個驕傲的人。一個話多的人受不了另一個人的滔滔不絕。一個自私的人不願意處在一個自我中心的人的旁邊。這些例子可以繼續不停的說下去。所以，若看到別人的弱點，立刻在那一方面嘗試著來改正自己。求我幫助你去用別人看你的眼光來審核自己。跟我學吧。我來到地上不是去評斷，定罪，而是來拯救。你也當這樣去行。

主啊，求你憐憫我。基督，求你饒恕我評斷別人。求你加添我的愛心，和理解心。

你的珍珠

> "不要將神聖的東西浪費在不聖潔的人身上，也不要把珍珠丟給豬！它們會踐踏珍珠，再轉來攻擊你們。"
>
> 馬太福音7:6（新普及譯本）

單單只與那些敞開心接受我的人分享你的珍珠。這些人預備好了去接受我智慧的話語。不聖潔的人和豬是那些要來毀壞的。他們沒有意願去改變信仰，不欣賞你要給予他們的。他們的心被罪剛硬了。他們不能看見真理或改變他們的習性。把你的珍珠在給那些求你幫助的人。只有這樣他們才會欣賞你智慧的珍珠。只有這樣他們才願意向你學習並試著去成為聖潔。把你的珍珠給那些願意接受我進入他們心中的人。一旦找到了我，他們會變賣一切所有的去得到那個我為他們準備的珍珠。你預備好了去將你的生命降服於我嗎？

主耶穌，你是我所珍惜的珍珠。沒有人能像你。我要降服於你。

潔淨

> "耶穌伸手摸他說：'我肯，你潔淨了
> 吧！'他的大痲瘋立刻就潔淨了。"
>
> 馬太福音8:3（和合本）

親愛的孩子，我要潔淨你。我要用活水去洗淨你所有的罪。我已經在十字架上付上代價去醫治你。你是我的。我要預備你進入我的國度，把你的生活翻轉過來。面向我，而不是面向世界。遵行我的旨意，不再用你的方式去做事。看到我赦免了你，不要在別人身上去挑錯誤。我如何對待你，你也照樣地去對待別人。你越經歷我的愛與憐憫，你就越能像我愛你那樣地去愛別人。讓你帶著歡樂來做每件事情。從今天起，嘗試去照著我的旨意去做每件事，這會帶給天父極大的喜樂和榮譽。你要被潔淨。

> 主啊，請觸摸我的心使我可以得
> 潔淨。醫治我使我得痊癒。

假先知

> "你們要提防假先知，他們假扮成溫馴的羊，實際上卻是兇殘的豺狼。"
>
> 馬太福音7:15（新普及譯本）

世上許多人跟隨著假先知。他們不知道真理。他們像迷失的羊跟隨披著羊皮的假先知。假先知領人走向死亡和毀滅。不要被騙了。你會知道誰才是天父差遣的先知。他們結的是好果子。他們活著是舍去自己的意願，去遵行天父的旨意。他們將生命和盼望帶給周圍的人。他們不是來毀滅而是來建立我的國度。他們帶給人勇氣而不是懼怕。他們愛而不是恨。他們遵行我的誡命，而且做我要他們所做的事。

> 耶穌，領我到真正的先知那裡。讓我有智慧和知識單單地去跟隨你。

我們的病痛

"他除去我們的病痛，挪走我們的疾患。"

馬太福音8:17（新普及譯本）

寶貝孩子，沒有父母願意看到他們的孩子因疾病而受苦。所以，不要怕來求我醫治你的病痛和疾患。我來到世上是要讓你看到我有醫治的能力。你，我的孩子，也有同樣的能力可以奉我的名去醫治人。不要害怕按手在人身上，求我來醫治他們。只要有我在你身旁，我就會聽你的禱告。你只需要相信我。若人沒有得到醫治，他的時間可能還沒有到，或許他需要先去處理一些事情才能得到醫治。所以不要害怕去為人做醫治的禱告。我是醫治者，我是救贖主。

我的上帝，我的主，你是我們的醫治者，我的救贖主。我信靠你。

自由

> "我的弟兄姐妹，你們已經蒙召去
> 過自由的生活，但不要用你們的
> 自由去滿足罪惡的本性，倒要用
> 你們的自由在愛裡彼此服侍。"
>
> 加拉太書5:13（新普及譯本）

在異象中，我看到自己在泥巴地裡與一頭牛共負一軛，拉在一起。那可是一個體力活，非常的辛苦。然後，我看到一條發光的路。耶穌背著十字架在上面走著。我過去幫他。很容易，很輕省。耶穌對我說，"寶貝的孩子，你已經從你的過去和愛世界的情懷中得到釋放。你現在可以自由地來跟隨我。你可看到我的軛是容易的，我的擔子是輕省的。當你跟隨我，你將會走在光中。能看到你往哪裡去。那就不是受苦，而是喜樂。但是若被自己的欲望綁住時，你會被拖拉慢行，而且身上背著沉重的擔子。如同行走在泥巴裡。選我。在一切事上選擇愛，那麼你就被釋放得自由了。"

耶穌，謝謝你向我指引你的路。領我走在正路上。

七月

大大平靜

> "於是起來，斥責風和海，風
> 和海就大大地平靜了。"

馬太福音8:26（和合本）

是的，寶貝孩子，我是世界的救主。藉著我的話，宇宙被創造出來，我只需要說話就夠了。我的話語中帶著能力，而你的話語也一樣有能力。所以你要謹慎說什麼。你說的每句話都可能對周圍的人造成極大的衝擊。你的話可能帶來平靜或混亂，帶給人喜樂和盼望或傷害及損壞他們的靈魂。你的話可以建造或毀滅人。當你遇見困難時，就把我的話說出來。呼求我，我會將你周圍的平靜和安詳恢復過來。不要害怕，安靜並且知道我是上帝。

> 主啊，你真的是全能上帝，是宇
> 宙的創造者。風和海都聽從你。
> 我敬畏你的力量和榮耀。

獅子口

> "主把我從獅子口裡救了出來。主必救我
> 脫離一切兇險，帶我進入祂的天國。"

提摩太后書4:17-18（當代譯本）

你知道嗎？我的孩子，你一直是被你的護守天使保護著的？無論何時，你在為我做事，都有天使環繞著你，保護你不受到任何傷害。親愛的孩子，不要怕，不用擔心任何的事情。我會一直在你身邊。我無論在哪裡，都會有一營的天使跟著我。他們會小心看著每一支從惡者射向你的箭矢。他們像在白天一樣能清楚地看到靈界的事情，會擋掉所有不是從上帝而來的東西，也會幫助你度過所有的困難和危險。他們會一直在你身旁。你無論何時需要保護時，就呼求你的護守天使。

> 我的護守天使，謝謝你一直在我身邊保護我。我實在感謝你們的愛和保護。

權柄

> "圍觀的人見到這一切，都滿心敬畏，
> 　讚美上帝派來這樣大有權柄的人。"
>
> 馬太福音9:8（新普及譯本）

親愛的孩子，罪使人殘廢變成一個癱瘓的人。最普遍的罪就是懶惰，不饒恕，嫉妒，和驕傲。我來就是要使你從罪中得釋放，能夠自由地去愛，以及去服侍我。我有權柄可以趕出一切使你殘廢的理由，有權柄能勝過那個想阻止你活出豐盛的生命的惡者。豐盛的生命是一個滿有喜樂願意服侍別人的生命，願意給予別人活力一個有意義的生命，一個充滿由我所給予意義的生命。癱瘓的人不能為別人做什麼。他被自己的痛苦和苦難消耗殆盡以至於無法去愛別人。我在眾人面前釋放了他，孩子，我也同樣地能釋放你。

> 我的王，我的救主，所有的讚美和榮耀都歸你。謝謝你釋放我得自由。

我要的是憐憫

> "他又說：'我要的是憐憫，而不是獻祭。'你們去琢磨一下這句經文的含義吧。我來，不是要召喚自以為義的人，而是要召喚那些自知有罪的人。"
>
> 馬太福音9:13（新普及譯本）

憐憫發自你的心，獻祭來自於你的頭腦。憐憫充滿了愛，而獻祭是自我贖罪。憐憫在乎於別人的感覺和需要。獻祭看重的是自己的罪。去愛永遠勝過說"對不起"。愛把一切的自私和自我清洗掉。愛能醫治與重建，獻祭把罪清除掉。愛和憐憫緊密地聯在一起。我來到世上是向你顯明如何去愛和去憐憫人，特別是罪人。在心中有了慈悲，憐憫就會跟著出現。在一切所行的事上，你要學我的樣式。每個帶著愛和憐憫的行為，將來在天上會被大大地獎賞。要憐憫因為天父是憐憫的。

> 耶穌，謝謝你，讓我看到要如何對一切有需要的人施憐憫。教導我用同理心去愛他們。

上帝家裡的人

> "所以，你們外邦人現在不再是陌生人或外來人了。你們和上帝所有的聖民同是他的國民，同是上帝家裡的人。我們一起成為他的居所，建造在使徒和先知的根基上，而基督耶穌自己就是那房角基石。"
>
> 以弗所書2:19-20（新普及譯本）

親愛的，你真是我的寶貝孩子。我揀選你成為我家中的一分子。我的天父就是你的父親。我的母親馬利亞也是你的母親。我的門徒都是你的兄弟姐妹。他們不停地為你禱告。你被眾天使保護著。像我一樣你有權柄去做我做的事情。你被呼召去做工作，就像在家中任何的成員一樣。你來我們家不需要邀請函，在我們家永遠是受歡迎的。我的國度就是你的家，在那裡你被愛而且可以重新得力。你可以做你自己。當你在母腹中被創造的那天，我們就愛上你了。

> 耶穌，我弟兄，我最好的朋友。我愛你勝過任何的人。謝謝你使我成為你神聖家中的一份子。

踐踏蛇

> "我已經給你們權柄可以踐踏蛇
> 和蠍子，又勝過仇敵一切的能
> 力，斷沒有什麼能害你們。"
>
> 路加福音10:19（和合本）

在異象中，我看到一個人用腳踐踏蟲子，把它們殺死。耶穌對我說，"如果一個人因恐懼而僵硬，無法移動他的腳，蟲子就會爬上他的腿來攻擊他。恐懼讓人癱瘓。不要怕，你知道我一直與你同在。呼求我的名來戰勝所有的邪惡。我的名是有權能的。當你呼求我的名，邪惡就不能靠近你。那是你屬靈的武器。用它去驅趕一切的罪惡。這是為什麼"我們在天上的父"那個禱告是如此地有威力。禱告，禱告，再禱告。"

> 願榮耀歸給聖父，聖子和聖
> 靈。我奉耶穌的名禱告。

聘你為妻

> "我要聘你永遠作我的妻子,向你
> 彰顯公義,公正,永遠的慈愛和憐
> 憫。我要對你忠誠,聘你歸我,
> 你最終就會知道我是上主。"
>
> 何西阿書2:19-20(新普及譯本)

在異象中,我看見兩個金戒指。它們連結在一起,無法分開,永遠連在一起。耶穌對我說,"親愛的寶貝,在你受洗的那天,我揀選你成為我的配偶。你是我眼中的瞳仁。你是我所愛的,我的甜心。從那天起,你就是我的。我與你,每一天每一刻,在一起。無論你在何處,我也在那裡。我們會一直同在直到永遠因為你是我的寶貝。我是照著我的形像和樣式造你的。我造你有自己獨有的個性和品格。你是獨特的。世界上沒有人可以取代你。來吧,我所愛的,來到我的懷抱中。"

> 主啊,我愛你。當我在你的懷
> 抱中,我的心因喜樂而歌唱。
> 你是我想要和需要的一切。

工人

> "要收的莊稼很多,工人卻很少。所以你們要向掌管莊稼的主禱告,求他派更多的工人到他的田裡收割。"
>
> 馬太福音9:37-38(新普及譯本)

在異象中,我看到一塊田裡的莊稼熟了,可以收割。起先我看到一個人用把大刀揮舞著收割穀子,非常緩慢而且辛苦。後來我又看到一個人坐在收割機上工作,毫不費力並且容易。耶穌對我說,"當聖靈與你同在,你就像那個坐在收割機上的人。你的工作會毫不費力因為我的軛是容易的,我的擔子是輕省的。在你開始任何工作之前,要呼喚聖靈來幫助你。他會超乎你想像地在各方面幫助你。謝謝你對我說'是的,我願意。'謝謝你願意做我的工人。"

> 主啊,能為你工作是我的榮幸。我喜愛與人一起禱告。能服侍你帶給我許多的喜樂。

茂盛的葡萄樹

> "以色列多麼繁榮，茂盛的葡萄樹
> 上果實累累。但民眾越富裕，他
> 們建造的異教祭壇就越多。"
>
> 何西阿書10:1（新普及譯本）

寶貝孩子，樹若不種在水旁，它就會枯乾倒
斃。我是活水。你若是紮根在我裡面，你就會
結出許多的果子。沒有我你就會倒斃，不可能
結出任何果子。你作的會完全是虛工。那只是
為自己的驕傲和光榮作的。一棵茂盛的葡萄樹
會聆聽並遵行我的誡命。在你做的一切事上要
尋求我的旨意。不要讓仇敵來奪去你的果子。
要警戒，警醒，警惕。凡事都有定期。結實有
時在春天，或在夏天，還有的在秋天。所以當
你沒看到果子，不要太快下定論。這可能是他
們的冬天，正在冬眠等待春天。要栽種在我的
活水旁。

> 耶穌，你是我的真葡萄樹，我
> 是你的枝子。讓我永不與你分
> 開。求你幫助我多結果子。

國度

"天國已經臨近,又要醫治病人,使死人復活,使痲瘋病人痊癒,還要趕鬼。"

馬太福音10:7-8(新普及譯本)

在異象中,我看到兩個國度。其中的一個,人人在跳舞,彼此歡樂,有許多的喜樂和歡笑。在另一個,我看到人在用劍打鬥。人們在痛苦中,倒在地上,呻吟和尖叫,有許多的怨恨和報復。耶穌對我說,"寶貝孩子,你看到的第一個地方是我天上的國度,在那裡愛在統管。沒有病人,大家都健康良好。他們盡情地享受生活。在那裡有許多的喜樂和歡慶。你現在是活在異象中的第二個國度。有許多的兇殺,苦難,毀滅,和憂鬱。現在去在地上建立我的國度。我會在你所做的事上,幫助你建立我的國度。"

主啊,是的。我要靠著你的幫助去工作。你是我們的盼望和我們的拯救。

一小塊餅

> "於是他蘸了一小塊餅，遞給
> 加略人西門的兒子猶大。"
>
> 約翰福音13:26（新譯本）

我的孩子，看到我是如何對待那要出賣我的猶大嗎？雖然我知道他的想法，我仍然用愛與仁慈對待他。我知道他心裡想快速地建造我的國度。他獨自去做這一切，也不與我商量。他以為他比我更懂。多少次你沒有先和我商量就出去行事？多少次你不按我的想法，卻照你的想法去行？多少次你以為自己可以獨立去做事情？當惡者知道你自認為可以單飛時，它就會來引誘你。親愛的孩子，不要掉進這樣的試探。永遠不要獨自外出，因為沒有我，你不能做任何事。有我，萬事都是可能的。

> 主耶穌，饒恕我多次沒有遵行你的旨意。幫助我記住時時去依靠你。我比以往任何時候都需要你。

要機靈

> "聽著，我差你們出去，就好像使
> 羊走進狼群一般。所以你們要像蛇
> 一樣機靈，像鴿子一樣馴良。"
>
> 馬太福音10:16（當代譯本）

與人禱告時，不要擔心該說什麼。我會給你能
深入他們的內心的話。你只需要聽我的話並且
求聖靈用智慧和知識來充滿你。要像蛇一樣機
靈，像鴿子一樣馴良。讓你的"是"就是"是"，你
的"不"就是"不"，不需要任何華麗的言辭。與
人交談時就用我的話，因為我的話能穿透他們
剛硬的心，像把兩刃的劍有能力剖開關節和骨
髓，能醫治並轉變人。說我的話，用我的話禱
告。它們不會徒然返回。在任何情況，我都會
引導你，提示你。我所愛的，聽我的話。

> 主啊，你的話比蜂蜜還甘甜，比兩刃的劍
> 更鋒利。我只聽從你，只單單服侍你。

異能

> "耶穌就在那裡不得行什麼異能,不過按手在幾個病人身上,治好他們。"
>
> 馬可福音6:5(和合本)

人人都可以按手在別人身上,奉我的名醫治他們。但若要行異能,那人需要對全能的上帝有信心。我的親戚朋友在家中看到我只是人,不是神。他們對我屬神的能力沒有信心,沒有期望。結果是我無法行神跡。但是你,寶貝孩子,信我並對我有信心。有我在你旁邊,我就能通過你行大事。相信我,依靠我。

> 你是我的上帝,我的主。我相信有你在,事情都是可能的。
> 你是我全能上帝的兒子。

門徒

> "學生（或譯門徒）不會超越老師，
> 奴僕也不會高過主人；學生應當
> 像老師，奴僕也應當像主人。"
>
> 馬太福音10:24-25（新普及譯本）

在異象中，我看到自己在上體育課。跟著老師做每一個動作。學著老師的樣子呼吸。老師怎麼教，怎麼帶領，我就跟著照樣做。耶穌對我說，"親愛的孩子，現在你知道如何做我真的門徒了：跟著我做每個動作，每個步驟。不要自己去做想做的，因為你可能會傷到自己。只要學我的樣子，你就會對自己有信心，能承擔越來越重的擔子，不會危害你的身體和健康。你會增強你的肌肉和體力，戰勝一切的邪惡。當你越像我時，你會越多的喜樂。我是你的楷模，你的老師。來跟我學，來跟從我。"

主啊，做你的工是一件喜樂的事因為你賜予活力。你充滿愛與關懷。我要永遠跟隨你。

凡是不認我的

> "凡是在世人面前不認我的,我在我天父面前也必不認他。"
>
> 馬太福音10:33(新普及譯本)

寶貝孩子,當你和別人談起你孫子的時候,你是多麼地喜樂。你很願意把他的照片炫耀給別人看。這就是我要你和別人談論我的樣子:充滿了愛與喜樂。讓他們知道有我和天父住在你心中是何等地蒙福。告訴別人我們為你做了什麼。告訴別人永生的好消息。把我給你同樣的喜樂分給別人。我知道你絕不會不認我,你願意把我的喜樂分享給別人。

> 主耶穌,幫助我願意去分享有關你的好消息給大家,就像我樂意去與人誇耀我的孫兒輩一樣。

這些誡命

> "我今天頒給你的這些誡命對你來說
> 並不難理解，也並非遙不可及。"
>
> 申命記30:11（新普及譯本）

每個人都有顆愛的心。我造你的時候你就要愛。當你愛人和被愛的時候，就是你最快樂的時候。愛給予你生命的意義。愛給你喜樂。愛的焦點是在另一個人身上——不再自私和自以為中心。愛忍受所有的痛苦。愛是永恆的。當被愛的人缺席或不再有愛時，這人是非常悲慘的，因為每個人都是照著我們的形像和樣式而造的。去愛就是能夠喜樂！去愛就是願意為人犧牲並且去照顧他。去愛就是有憐憫和仁慈。去愛就是把喜樂帶給別人。我的誡命是寫在你的心版上，而你的心是為了愛而造的。當你愛的時候，你就變得像我。你就會有完全的喜樂。

> 主啊，我用全心全人愛你。求你把
> 更多對別人的愛與喜樂充滿我。

生命

> "得著生命的，將要失喪生命；為我
> 失喪生命的，將要得著生命。"
>
> 馬太福音10:39（和合本）

親愛的孩子，我是生命的創造者。跟隨我，你就是在跟隨道路，真理和生命。任何與我同在的人就會得到豐盛的生命。每天都充滿著喜樂和意義。我是生命的作者，因此事情不會是徒然的。我的氣息在支撐著你。離開了我，你無法運作，你裡面也沒有生命。要靠近生命的源頭就像一個枝子接到樹上那樣。如果和我在一起，你會結出許多果子，那些可以長存的果子。沒有我，你什麼都不能做。但是有了我，你可以改變世界。我們在一起就能改變生命。你願意把你的生命獻給我嗎？

> 主啊，是的，我要把我的一切都獻
> 給你。你是我生命的中心。在你裡
> 面，我找到了愛，平安和喜樂。

兩個兩個

> "他召來十二個門徒,把他們兩個兩個
> 派出去,又賜他們權柄驅趕邪靈。"

馬可福音6:7(新普及譯本)

我的孩子,謝謝你對我說"是的"以及你願意去跟
從我的帶領。不要擔憂說什麼或是如何禱告。
只要呼求聖靈,他會引領你走每一步路。不要
怕不潔淨的靈,因為你有權柄奉我的名去勝過
所有的邪靈。你是我的寶貝孩子,而且從我繼
承了一切。無論何時有二三個人奉我的名聚
集,我就會在那裡。去吧,對我要有信心。

> 主啊,我在這裡。我來是要遵行你
> 的旨意。差遣聖靈降臨在我身上,
> 在我所做的一切事上引導我。

像孩子一樣的人

> "父啊，天地的主！感謝你將這些
> 事向自以為有智慧聰明的人隱藏，
> 卻啟示給像孩子一樣的人。"
>
> 馬太福音11:25（新普及譯本）

在異象中，我看見自己像一個小孩子緊握著耶穌的手。我們站在大峽谷的邊緣。他叫我去看日出和日落。這是我看過最美的風景。我內心非常澎拜看著群山因著陽光和影子而不斷改變形狀。耶穌對我說，"親愛的，你現在像個小孩子第一次用我的眼光看這所有的一切。看到每個靈魂他們起初被造的那樣美麗和燦爛。要愛每個人。這是我今天給你的隱密寶藏。每個靈魂就像你在異象中看到的風景一樣的美麗。要珍惜他們。"

> 耶穌，謝謝你開我的眼睛能看到
> 每個靈魂內在的美麗。我會試著
> 去珍惜你向我顯明的每個人。

沒有從罪中悔改歸向上帝

> "那時，耶穌開始譴責一些城鎮，因為之前他在那裡行了許多神跡，他們卻沒有從罪中悔改歸向上帝。"
>
> 馬太福音11:20（新普及譯本）

神跡異能對那些不願為他們生活方式悔改的人是無用的。他們立定心志不要改變。他們的心像石頭一樣地堅硬。他們心中有假的偶像。把自己的安全感放在金錢，個人和物質上面。他們每天按自己的意思而活，他們的心背著我。對其他人沒有愛，只愛他們自己。他們沒有時間來敬拜我或建立我的國度。他們不願遵行我的律法和誡命。但是你，我的孩子，已從罪中悔改，而且也看到我的神跡和異能。你把自己的生活完全翻轉過來，而且把我放在一切之上。你繼續去改變其他人的生活吧。

主啊，潔淨我所有的罪。洗淨我，塑造我，改變我。求你饒恕我過去所犯的罪，我實在是為這些罪悔改了。

我的心

> "夜間我的心渴想你，我裡面的靈切切尋求你，因為你的審判臨到大地的時候，世上的居民就會學習到什麼是公義了。"
>
> 以賽亞書26:9（新譯本）

寶貝孩子，我創造你有靈，魂，體。你的身體會衰老，死去，但是你的靈魂會永遠活著。我看每個靈魂都是寶貴的。當我造你的時候，我吹口氣進入你裡面。不要怕那些能傷害你身體的，要怕那些可以毀壞你靈魂的。你的靈魂就是你的中心。沒有靈魂就沒有生命了。你的身體受這個世界的影響，靈魂會被靈界影響。從你內心的深處，就是你靈魂居住之處，盡力地活出每一天。你靈魂最大的渴望就是與我在一起。我所愛的孩子，來我這裡吧。我嚮往你。

哦，主啊，我的靈魂因你而快樂。我的靈唱歌讚美你。

憐憫

> "'我要的是憐憫，而不是獻祭'，如
> 果你們明白這句經文的含意，就不
> 會譴責我那些無辜的門徒了。"
>
> 馬太福音12:7（新普及譯本）

是的，我就是神的憐憫。我對每個人的愛是超
乎你所想像的。雖然我知道死在十字架上是何
等的痛苦，我還是為你捨命。沒有比這個愛更
大了。我的血能遮蓋所有的罪。每個吃我身
體，喝我血的人會得到拯救，並且有永遠的生
命。我的憐憫是給每個相信我並且迎接我進入
他心中的人。

> 主啊，求你憐憫我這個罪人。謝
> 謝你為我的罪死在十字架上。幫
> 助我一直對別人有憐憫的心。

樹

"憑著果子就可以認出樹的好壞。"

路加福音6:44（新普及譯本）

我的孩子，你像一棵棕櫚樹，高而且美麗。你長出椰子，裡面的水可以喝，果肉可以用在許多產品裡面。每棵樹都會產生不同的果子。不要去和別人比較。在水邊的柳樹非常漂亮。它的葉子讓人遮蔽炎熱的太陽。有些樹像黎巴嫩的香柏樹。它的木頭是最棒的建材。所以你看到，我把每個人都造得不同，每個人都有特別的用途。不要去做別人所做的事情。你有你的使命。我為不同的理由揀選了你們每個人，就像每棵樹都有它自己獨特的葉子和果子。

上帝天父，我珍惜你所有創造的。
謝謝你，把我造得如此精巧。
你是一個令人敬畏的上帝。

真正要緊的事只有一件

> "真正要緊的事只有一件，馬利亞已
> 經找到了，而這時不會被奪走的。"
>
> 路加福音10:42（新普及譯本）

世界上的每件事都會過去。只有我的話會存到永久。馬利亞選擇聆聽我的話，而不是像她的姐姐馬大在廚房裡忙。當你活在地上的時候，我的話會帶給你生命與意義。我的話是真的，會產生許多永遠長存的果子。馬大焦慮，擔憂許多的事，那些屬地的事。馬利亞知道只有我的話是永恆的，並且有正確的觀點。我的話能醫治並使人得自由。我的話就是道路，真理，生命。　學習我的話並且像馬利亞一樣的去默想。每天，要把我的話藏在你心裡。

> 主啊，賜給我你智慧的話語，
> 讓我可以更好地去幫助別人。
> 你的話帶領我走在正路上。

兄弟姐妹

> "凡遵行我天父旨意的人，就是我的兄弟姐妹和母親！"
>
> 馬太福音12:50（新普及譯本）

我的孩子，你是我家中的一分子。只是今天你才認識到你對我像是對你在地上的兄弟姐妹一樣的特別。我不會離開你或棄絕你。我一定會支援你，尤其是在你有需要的時候。記得你生病的時候，你的兄弟姐妹都非常關心你。他們送你一大束玫瑰花。你搬家的時候，你的兄弟姐妹來幫助你安頓新家。比起你的兄弟姐妹，你更可以信任我，因為我是你的上帝，你的供應者。我會永遠把你捧在手掌裡。每天繼續花時間與我在一起。當遵行我的旨意時，你會滿有喜樂。

> 耶穌，謝謝你成為我的兄弟。我非常高興知道我是你家中的一分子。我感到非常的幸福。

復活

> "我是復活，也是生命。相信我的人，即使死了也要復活過來。凡是活在我裡面有相信我的人，必定永遠不死。你信這話嗎？"
>
> 約翰福音11:25-26（新普及譯本）

在異象中，我看見自己抓個一直上升的氣球。耶穌對我說，"寶貝孩子，同樣的，緊抓住我並且相信我的人會升到天堂，一個沒有死亡或哀傷的地方。天堂就是純粹的愛和喜樂。愛是永活的，罪會帶來死亡，因此總是要選擇愛。只要抓住我，你就會得救。人靠自己是無法上天堂的。去天堂，不是憑人的行為，而是遵行上帝的旨意，它會使你生命變得更加豐盛。 沒有我，生命是空虛沒有意義的。 在一切事上，選擇我。在每個決定上，選擇我。也選擇愛。"

> 主啊，你是我的生命，我的拯救。我選擇每天都為你而活。耶穌，我要永遠與你在一起。

這樣的智慧

> "他這樣的智慧和行神跡的能
> 力是從哪裡來的呢？"
>
> 馬太福音13:54（新普及譯本）

我的孩子，所有的智慧是從上帝而來。沒有智慧，人就是在黑暗裡。不知道從哪裡來，往哪裡去。若有智慧，他能清楚地看到生活的實際，如同在黑暗中用一支很亮的手電筒。他會知道他去過哪裡，要往哪裡去。我是世界的光。我是智慧的源頭。無論誰跟從了我，就會有智慧去做正確的選擇和決定。沒有智慧你會絆跤並且摔倒。你無法自己一人做智慧的選擇去進入我的國度。要像所羅門一樣，為智慧去禱告。求聖靈用智慧和知識來充滿你。

聖靈，求你來。用你的智慧和真理來充滿我。幫助我走在你的光中。

餅

> "耶穌拿起餅來，感謝上帝，再
> 分給眾人，然後又照樣分了魚。
> 他們想吃多少就吃多少。"
>
> 約翰福音6:11（新普及譯本）

親愛的孩子，如果你願意把你所擁有的供給那些有需要的人，我會用神跡加倍地增加這些禮物。你只需要盡力而為，把結果留給我，因為上帝能完成一切的事情。我只要求你願意去分享及去遵行我的旨意，剩下的交給我。你只要去做我要你做的，其餘的我會打理。那些向你開口的人，慷慨地去分享你所有的。你在天上的獎賞會是大的。

> 主啊，賜我一顆慷慨大方的心。你
> 會行神跡。你是上帝的兒子。

比喻

> "我要用比喻向你們說話，我要解釋從創造世界以來一直隱藏的事情。"
>
> 馬太福音13:35（新普及譯本）

我的孩子，我常用比喻去教導深奧的真理，特別是生命的奧秘。它是用物質世界中的例子來形容屬靈的世界。把每天生活的神學真理簡化成為人可以瞭解的方式。一個很好的例子就是用芥菜籽來比喻上帝的國度。最小的種籽可以長成非常大的樹叢。我的國度就會像這樣。

> 主啊，我愛讀聖經中你講的那些故事。你的話充滿著永生的生命。

稗子

> "正如挑出來的稗子要用火焚燒一
> 樣，世界的末了也是這樣。"
>
> 馬太福音13:40（新普及譯本）

親愛的孩子，當你看到一顆野草長在你的院子裡，你很快會把它拔出來，因為如果不在幼小的時候把它拔出來，等它長大了就很困難了。罪也是如此。當你看到自己做錯了事，馬上去改比等一陣子再改，要容易得多。留在罪中越久，就越難糾正它。所以要常去清除野草。盡力與人和好。我會給你恩典去勝過你的罪。我會用活水來潔淨你。

> 耶穌，我全心為我的罪道歉。
> 幫助我改變我的生活行為。

為你們洗腳

> "我是你們的主，你們的老師，尚且為你們洗腳，因此你們也應該互相洗腳。我給你們樹立了榜樣，我為你們做的事，你們也要照樣去做。"
>
> 約翰福音13:14-15（新普及譯本）

你想我可以站著去洗我門徒的腳嗎？不行，當然不行。我必須跪下來去解開他們的鞋子。這樣做是要讓你知道怎樣去對待所有需要我的愛和照顧的人。彼得對我說，"你絕不能替我洗腳！"因為他知道他的罪是多大，自己有多軟弱。我最喜歡彼得因為他是非常真誠，並且深深愛我。他要服待我，要洗我的腳。你願意讓我洗你的腳嗎？你願意讓我看到你的不完美和罪惡嗎？你會謙卑地讓我解開你的涼鞋嗎？讓我來照顧你。讓我洗你的腳，這樣你可以成為我的門徒。

> 主啊，我不配讓你跪下來在我面前為我洗腳。讓我謙卑的去為所有需要你愛的人做同樣的事。

八月

財富

> "那只顧積聚地上的財富，卻沒有跟上帝建立深厚關係的人，是愚蠢的。"
>
> 路加福音12:21（新普及譯本）

寶貝孩子，在天堂金子是不值錢的。事實上，天堂的走道都是用金子鋪的。那是個讓人踩在上面的東西。在天堂裡，人的靈魂才是寶貝的。每個靈魂都是無價，因為那全是按我的形像和樣式而造的。每次當你選擇人而不是錢財或金子時，你就是把財寶積蓄在天上了。錢財和金子只會讓人變得貪婪和不滿。愛人是無價的。"愛"是我看為寶貴的。我造的每個人都有一顆能愛我以及愛人的心。但是許多人不喜歡我，心中只渴望物質的東西。我的孩子，去幫助他們積攢財寶在天上。幫助他們把心轉回來歸向我。

> 主啊，你是我的珍寶，是我的所有。
> 我要盡心，盡性，盡意，盡力愛你。

最謙卑的人

> "其實摩西非常謙卑，遠
> 超過世上任何人。"
>
> 民數記12:3（新普及譯本）

謙卑就是順服上帝。在每件事上，你做的和說
的都完全依賴天父的時候，你就謙卑地像摩西
了。當上帝呼召摩西回埃及去釋放那些奴隸
時，摩西離開他在曠野中美好的家庭生活。他
順從上帝雖然他不認為他有資格去承擔如此大
的責任。他為了別人而犧牲了自己的生命。他
帶領這些奴隸離開埃及在曠野中受苦了40年。
在上帝眼中他是最謙卑的人。我的孩子，去遵
行天父的旨意。

> 主啊，賜我謙卑並給我勇氣能站出
> 來去遵行我的呼召。幫助我按你的
> 計畫去擁抱你要我做的事情。

一個聲音

> "這時有一個聲音從雲裡傳來，說：'這是我的兒子，是我所揀選的，你們要聽從他。'"
>
> 路加福音9:35（新普及譯本）

親愛的孩子，只有你安靜不說話，或不在忙的時候，你才聽得見我的聲音。想要聽得仔細，你就必須靜默下來，準備去領受。如果一直在閒聊與喧鬧的話，你就聽不到我的聲音。越是安靜，就越能聽到我的聲音。我的聲音是溫柔，微小的。我是對你的心說話。如果你的心像石頭一樣堅硬，你就無法收到我的資訊。若頭腦想太多別的事情，我也無法與你溝通。若你一直為許多瑣碎的雜務而忙著，你會錯過我的聲音與我的同在。要安靜，知道我是你的上帝。我渴望與你交談。聆聽我的聲音。

> 主啊，請對我說，你的僕人在聽。主啊，我在這裡，準備好要遵行你的旨意。

有我

> "總有窮人在你們當中，可是你們卻不常有我。"
>
> 約翰福音12:8（新普及譯本）

是的，一直都會有窮人的。你與我獨處的每一刻比你給予窮人的錢財和為他們做的事更加寶貴。若和我沒有親密的關係，這一切的好行為都是為了自己的榮耀和喜樂而做的。這是為什麼聖徒需要每天花許多的時間向我禱告和與我交流。不是你做多少的工使你成為聖徒，而是你愛我多少。在我年幼時，我母親每天只是做些家務事，但是她比任何人給我的愛都要多。她的眼目總是在我身上。我們在一起有三十年之久。她抱我，照顧我，為我煮飯。世上沒有任何人比我母親愛我更多。親愛的孩子，學她的樣子。求她天天為你代禱。她也是你的母親。

> 馬利亞，我的母親，請妳為我禱告，使我每天更多地愛妳的兒子耶穌。幫助我每天與他更親近。

樂意捐獻的人

> "你們每個人務必在心裡決定捐出多少，不要勉強，也不要迫於壓力去做，'因為上帝喜愛樂意捐獻的人。'"
>
> 哥林多後書9:7（新普及譯本）

在異象中，我看到一個小女孩打扮成婚禮中花童的模樣。她手裡拎了一個籃子裡面都是花瓣。她走到哪裡，就把花瓣撒到哪裡。這樣一直走到新娘的前面。耶穌對我說，"寶貝的孩子，如果你要討我的喜悅，就做你在異象中看到的這個小女孩所做的事。把好消息散佈到各處，就像那些花瓣一樣，撒到你去的每個地方。作為我的僕人去祝福別人。你是我的手，我的腳。是我慷慨的給予者。是我差到世上的大使。讓每一個看見你的人就像看到我。我走在你前面。你是我的喜樂。"

> 主耶穌，是的，我要與今天遇見的人去散佈你的喜樂和你的愛。求你為我領路。

有兩個人

> "如果你們當中有兩個人在地上同心為任何事祈求，我在天上的父必為你們成全。"
>
> 馬太福音18:19（新普及譯本）

寶貝孩子，天父愛他所有的孩子。當有兩個人奉我的名祈求時，他不會拒絕。他知道你是為了別人的好處而祈求。他是一位慷慨大方又有愛心的天父。他願意祝福他的孩子就像你一樣的想為別人禱告。當你們同心合意地為別人禱告時，他的心就特別地柔軟。你心中因著愛為人禱告時，他不會拒絕你。他聽見你的祈求。知道你的需要。他有個憐憫的心，願意去醫治所有求醫治的人。他聽到你的禱告。所以，不要怕奉我的名去求任何事情。我們的心願就是去應允你的禱告。我們樂意看到你們在一起禱告。

> 主上帝，你比我們想像的更慷慨大方，更有愛心。謝謝你總是回應我們的禱告。

在十字架上

> "為順服上帝而自甘卑微,又像
> 罪犯那樣死在十字架上。"
>
> 腓立比書2:8(新普及譯本)

你瞭解我為你在十字架上所受的痛苦嗎?每根
釘子不只是刺穿我的手和腳,也刺入我的心。
使我的心比身上任何一個部位都要痛。我覺得
完全地被遺忘和拋棄,包括我親愛的天父,那
是因為我承擔了全世界的罪。每個罪使我們和
天父分開,這是我在十字架上最痛苦的時刻。
除了約翰以外,所有的門徒都逃走了。彼得,
曾經三次不認我,也跑不見了。只有我的母親
和幾個我喜愛的姐妹門徒留在那邊,一直到末
了。親愛的孩子,看著在十字架上的我,同時
默想我對你的愛。讓你的眼淚流下來洗我被釘
的腳。用你的頭髮擦我血淋淋的腳。我比你所
知道的更愛你。

> 親愛的耶穌,我的心因看到在十字架上的
> 你而破碎。我永遠無法像你已經為我所
> 做的那樣為你做什麼。耶穌,我愛你。

一體

> "因此，人要離開父母，與妻
> 子結合，二人成為一體。"
>
> 馬太福音19:5（新普及譯本）

我的孩子，我創造了男人和女人讓他們互補，可以滿足彼此的需要。結了婚之後，他們就真正成為一體，這是用愛來束縛的結合。只有當他們彼此都願意為對方舍己時，婚姻才會成功。。有了彼此的愛，才懷上孩子。那些與我合而為一的人就會像結了婚的夫妻一樣結出許多果實。因著這樣的結合，愛就可以得到完全。愛能勝過一切的惡。愛使人連結，帶來喜樂和幸福。當有真愛和真正的結合時，沒有什麼犧牲是過分的。

> 主啊，為你造我去愛你和愛你在宇宙中所造的每個活物而感謝你，讚美你。謝謝你用配偶，孩子和孫子來祝福我。

我要拯救

> "我要把他們從罪惡的墮落中拯救出來，我要潔淨他們。這樣他們就真是我的子民了，我也要作他們的上帝。"
>
> 以西結書37:23（新普及譯本）

在異象中我看見耶穌打開監牢的大門，讓犯人得自由。我們都跟著他走到門外。耶穌對我說，"我最希望的就是把我的子民從他們的罪和偶像中釋放出來，因為他們不知道他們在做什麼。塑像或偶像能拯救你的靈魂嗎？能把你從危險中拯救出來嗎？在你心碎憂傷時能安慰你嗎？親愛的孩子，無論何時你呼求我，我就會在你旁邊。我是你的上帝，你的救贖主。我會將你從你的痛苦中釋放出來。你不會被鎖在你過去大小的罪中。你被釋放自由了。自由地來敬拜我。自由地來呼求我，依賴我。我要把你放在鷹的翅膀上，帶你到天父的家中。"

何等的自由！何等的喜樂！謝謝你，耶穌，把我從過去的罪中釋放出來。哈利路亞！讚美主！

小孩子

> "讓小孩子到我這裡來，不要
> 阻止他們！因為天國就屬於像
> 這些小孩子一樣的人。"
>
> 馬太福音19:14（新普及譯本）

寶貝的孩子，來！讓我祝福你。世上的每個人都是我的孩子。我愛我的孩子。把每個人帶來靠近我，讓我祝福他們。知道你是多麼地愛你的孩子，把最好的給他們，你可以想像我是更多的愛你們每個人。人為另一個人捨命的愛，是最大的愛。我願意為你做任何事情。到我這裡來，單獨地與我在一起有親密，高品質的時光。我最喜歡的事情就是能和每個孩子單獨的花時間在一起。彼此分享，聆聽，心與心的談話。所以常來坐在我旁邊。我要祝福你，用我的愛和恩典來充滿你。

> 主啊，我在這裡，主啊，請
> 說。你的孩子在聆聽。

危難之日

> "上主，你是我的父，我呼求了你；
> 求你在我危難之日，不要離棄我。"
>
> 德訓篇51:14

在異象中，我看見颶風毀壞了所有的房屋和汽車，只剩下一棟小房子依然完好無缺地站立著。耶穌對我說，"我的孩子，你看我是掌管風和雨的主，連暴風雨都聽從我。在異象中你看到的那個小房子因我的保護而毫髮無損。你是我寶貝的孩子。我聽到你的呼求，就會來拯救你。即使事情看起來是毫無希望，你卻不會受到任何傷害或毀滅。我慈愛的膀臂會環繞你，在仇敵的攻擊中保護你。它們怕我，不敢靠近你。無論何時你遇見困難，要記住這個異象。我會與你同在直到世界的末了。親愛的，不要害怕。"

> 我的上帝，我的主，我全人信靠你。你是我的磐石，我的拯救。

亞伯蘭俯伏在地上

> "這時，亞伯蘭俯伏在地上。上帝又對他說：'這就是我跟你立的約：我要使你作萬國之父！'"
>
> 創世記17:3-4（新普及譯本）

我的孩子，你知道我為什麼揀選亞伯蘭作萬國之父嗎？那是因為他聽從我，敬拜我，順從我，遵行我的誡命。當我要他離開他的家鄉到他從來沒去過的地方，他就信任我。他把我放在一切的人與物之上。他甚至願意在祭壇上為我犧牲自己的兒子。這種信任和順服是我希望在每一個人身上看到的。我的孩子，你也被揀選了。你願意放下一切來跟從我嗎？願意為我犧牲你自己的兒子嗎？願意跟隨我到任何地方去嗎？你準備好了對我說"是的"嗎？我會像祝福亞伯蘭那樣祝福你。

主啊，求你賜我勇氣和信心去跟隨你，無論你領我去哪裡，我要把我的生命獻給你。因為你是我的上帝，我的救贖主。

罪的奴隸

> "我實在告訴你們，犯罪的
> 人就是罪的奴隸。"
>
> 約翰福音8:34（新普及譯本）

在異象中我看見兩個小孩子，像格林童話故事中的漢瑟和葛麗特。他們手拉著手，跟著地上的糖果，一路吃一路走向巫婆的房子。耶穌對我說，"罪就是轉身離開我，為自己尋找安慰。那只會引向奴役和死亡。大部分人不明白在這世上有多少誘惑。寶貝的孩子，要當心。不要跟隨這個世界。要來跟從我。當你不再注目于我時，你的眼睛就會在找別的東西。如果那是不純潔，不聖潔的，你要立刻轉身，重新聚焦在我身上。罪的工價就是死亡。如果你知道我為了你的罪是如何地受苦，你就再也不會去犯罪了。"

主耶穌，請求饒恕我多次遊蕩遠離你。我祈禱我能永遠和你在一起。

你們認識我

> "耶穌在聖殿裡教導人時，大聲喊著
> 說：'你們認識我，知道我從哪裡來。'"
>
> 約翰福音7:28（新普及譯本）

寶貝孩子，在教堂裡或在禱告時，你是知道我
的。但是在教堂之外，你在別人的臉上會看見
我嗎？你知道他們是從哪裡來的嗎？如果你知
道的話，你就會愛他們就像你愛我一樣，因為
我在每個靈魂裡面，我知道他們從哪裡來。有
些人一生中經歷了許多困難，他們需要理解和
同情。有些人受了許多的苦，需要安慰和憐
憫。有些人從來沒有被人愛過，對愛非常渴
望。你願意成為我的手，我的心來對待他們
嗎？願意替我把他們抱在手臂中嗎？每次你對
我子民中最小的一位行善，你就是行在我身
上。我天上的父會獎賞你百倍。當你外出走動
時，尋找我。若你花時間去找我時，你就會看
見我，認出我。

> 主啊，開我的眼睛能在我今天遇到
> 的每個靈魂中看見你。求你差遣聖
> 靈降在我身上使我能夠愛每一個
> 人，特別是那些需要你愛的人。

馬利亞

> "幾天後，馬利亞急忙趕去猶太山區，到撒迦利亞居住的城鎮。她進屋裡問候伊利沙伯。"
>
> 路加福音1:39-40（新普及譯本）

馬利亞全然信靠天父就蒙揀選成為我的母親。當她對天使加百列說"我願意"的那一刻起，她就被聖靈充滿。她趕忙去到伊利沙伯的家因為她相信天使告訴她有關她親戚在老年時懷孕的事情。她相信在上帝沒有事情是不可能的。在懷著我的時候，馬利亞帶給伊利沙伯和胎兒約翰許多的喜樂。她讓她的親戚放心，知道一切都會安好。當歡迎馬利亞成為你的母親時，你也從心裡歡迎我。我們帶喜樂到每個歡迎我們的人那裡。我的母親馬利亞上了天堂，可是她和我也一直與你同在。你是我們寶貝的孩子。

> 聖母，滿有恩典。主與妳同在。在婦女中妳是蒙福的。在妳懷中的孩子，耶穌，是蒙福的。

沒有犯過罪

> "好吧，就讓那沒有犯過罪
> 的人扔第一塊石頭！"
>
> 約翰福音8:7（新普及譯本）

親愛的孩子，自從亞當和夏娃墮落之後，每個人都犯過罪。每個人都轉身離開上帝。這就是為什麼我必須死在十字架上把你從罪中拯救出來。我用我的血付了代價。沒有其他的痛苦比在十字架上慢慢死去要更痛苦。我用我肋旁的血與水來潔淨你。你是我的。沒有人可以把你從我身邊奪走。我的愛把我們捆綁在一起。我們永遠是連在一起的。抬起頭來向上仰望。注目看我慈愛的天父，而不是專注在這世上的困難。活在我的國度裡，不要活在罪中。對今天你所遇見的每個人發出愛和喜樂的光芒。用尊重和憐憫來對待每一個人。

哦，主啊，求用你的寶血來洗淨我。幫助我避開試探。給我勇氣一直跟隨你。

百倍

> "無論誰為了我捨棄房屋，兄弟，姐妹，父母，兒女或產業，都會得到百倍的回報，並承受永生。"
>
> 馬太福音19:29（新普及譯本）

就像五餅二魚的倍增。無論你為我的名給別人什麼，我都可以增加百倍不止。奉我的名無論你給予人什麼，我都能把它轉化成為許多人的得救。那不是因為你做了什麼，而是因為我能讓事情變成可能。所以不要怕去犧牲和把你寶貴的東西獻上。你在天上的賞賜是大的。你會與我繼承永恆的生命，享受永恆的祝福和喜樂。你會得到超過百倍的獎賞。去行吧，親愛的孩子。

> 主啊，求你賜我一顆慷慨大方的心，讓我願意為你的名獻上一切。我要一生一世服侍你直到我生命結束的那一刻。

鑄了一頭小牛

> "他們這麼快就偏離了我吩咐他們要過的生活！他們熔化金子，鑄了一頭小牛，向它跪拜，向它獻祭。他們說：'以色列啊，這就是領你出埃及地的神明了。"
>
> 出埃及記32:8（新普及譯本）

在異象中我看見一個金牛犢在一大群唱歌跳舞狂歡的人當中。耶穌對我說，"我的孩子，我的心因今天世上的情況而憂傷沉重。人們遠離了我。他們不再敬拜我，也不聽從我。他們為自己造了假神。他們的生活以物質主義和即時行樂為中心。但是你，寶貝孩子，對我是一直信實忠心。　你繼續去領受我的身體和我的寶血，並且每天讀聖經。它們會滋養你，加給你力量，並保護你不受到周圍邪惡的攻擊。要不住地為世人禱告，特別是你的國家，你的家人和朋友。禱告，禱告，再禱告。"

> 我的上帝，我的主啊，求你饒恕我們沒有去敬拜尊榮你。主啊，求你把我們的心轉回歸向你。

復活得永生

> "你們不必如此驚訝！沒錯，時候快到了，所有躺在墳墓裡的死人都要聽見上帝兒子的聲音，並要復活。行善的，復活得永生；執意作惡的，復活受審判。"
>
> 約翰福音28:29（新普及譯本）

親愛的孩子，當我在世上時，我只做天父希望我去做的事。我完全地遵行天父的旨意，沒有照自己的意願做任何的事。你也當如此。為天父的尊榮，榮耀行善，你就會有復活的生命。你將有一天與我同享天上的宴席。在永生中你不會有眼淚和悲傷。時候將到，你不再有機會為別人做任何善事。不要閒蕩浪費時間。出去，遵行我的使命去醫治有病的人，使被擄的得釋放，宣告好消息給窮困的人。

> 親愛的天父，我在這裡要遵行你的旨意。幫助我把眼光注視在你身上，去遵行今天你計畫要我去做的事情。

婚宴的禮服

> "'朋友，你怎麼不穿婚宴的禮服就來了？'那人被問得啞口無言。"
>
> 馬太福音22:12（新普及譯本）

寶貝孩子，每個人都有機會在進入我天國之前，穿上一件婚宴的禮服。這禮服就是你受洗的長袍和你所有公義善良的行為。每個人都有一生的時日去做善事和公義的事。一些懶惰的人，浪費時間去追求今世的事物，不遵行我的誡命典章，沒有有任何的預備就空手來到我的婚宴上。他們就會被捆起來，丟到天堂外面的黑暗裡。只有那些為婚宴預備的人，像那些聰明的伴娘預備好她們的燈油，能與我一起享用宴席。要警醒，預備，勤奮。

> 主啊，我渴望去享受你為我預備的婚宴的那一天。幫助我去預備好，能夠對你一直忠心到底。

異象

> "一天晚上,主在異象中對<u>保羅</u>說:'不要怕,只管講!不要沉默!因為我與你同在。'"
>
> 使徒行傳18:9-10(新普及譯本)

在異象中我看見耶穌和我一起騎著一輛雙人自行車。他在前面,我在後面。我們兩個都在踩著踏板。耶穌對我說,"孩子,當你與我在一起,我會帶你去你從來沒有去過的地方。不要怕。你會欣賞美麗的風景,不需要掛慮任何事情。那會是完全的祝福。但是你需要做你的那一份。像我在異象中給你看的那樣,你不能只坐在後面不動,要跟我一起騎,一起踩踏板。我需要你的回饋和你的參與。有我在前面,你不需要擔心任何事。你可以信靠我,知道沒有任何東西可以傷害到你或弄痛你。享受騎車。享受每一天。我永遠與你同在。"

> 主耶穌,好美的一個異象。感謝你總是與我同在。幫助我每天更加地信靠你。

降卑自己

"抬高自己的，必被降卑；降
卑自己的，必被抬高。"

馬太福音23:12（新普及譯本）

我的孩子，謙卑就是認為別人比你好。不要認
為你有所有的答案，或者這個工作只有你才能
做。一個謙卑的人會聆聽別人，願意改變並承
認自己的錯誤。一個謙卑的人完全仰賴上帝，
知道一切都來自上面。當你認為自己可以完全
地勝任有餘，你就像法利賽人一樣地驕傲了。
不要做任何事去炫耀或為自己的榮耀尋求高
位。向我學習，我內心是溫順謙卑的。愛與尊
重每個人，因為在我眼中每個人都是有價值，
寶貴的。真正的謙卑是一個人知道自己的弱點
和強點，從內心就要謙卑起來。

主啊，謝謝你向我顯明如何謙
卑和溫順。願意我做的每件事
情都能帶給你榮耀與尊貴。

瞎眼的愚昧人

> "瞎眼的愚昧人啊！是金子重要，還
> 是那使金子成聖誕聖殿重要呢？"
>
> 馬太福音23:17（新普及譯本）

寶貝的孩子，選擇我超過你擁有的一切。黃金會貶值但是我對你的愛是永不改變的。不要像那些被財富弄瞎眼的人。他們以為錢是生命的一切。但是，親愛的，你知道什麼才是更重要的。生命若沒有了我就全然空虛，不值一活。人生有兩條路：一是追求財富，另外是來跟隨我。有我，你會上天堂，進入我的國度。而財富會把你帶入毀壞和死亡之地。你可以事奉金錢或事奉上帝。應當選我超過一切。我是你的財富和你所繼承的財產。我是你所需的一切。

> 主啊，你比金銀更寶貴。我永遠
> 都要選你勝過其他的一切。

十二道城門

> "城牆又高大又寬闊，有十二位
> 天使把守十二道城門，門上寫著
> <u>以色列</u>十二支派的名字。"
>
> 啟示錄21:12（新普及譯本）

寶貝的孩子，我已在天上為你和你的家人準備了一個地方，那是一個眼睛從未見過，耳朵從未聽過輝煌的新<u>耶路撒冷</u>。你是我的新娘。我在十字架上為你付上了代價。你是屬我的，你的家人也是我的家人。你的朋友也是我的朋友。所有你在這裡珍惜的人對我也都是寶貴的。來享受我為你準備的宴席。那裡有歡笑和音樂，你不會失望的。那裡會有愛和平安。親愛的，來吧！

　　榮耀頌讚都歸給你，我的主，我的上帝。
　　我渴望去與你在天上相聚的那一天。

粉飾過的墳墓

> "律法教師和法利賽人啊，你們這些偽善的人有禍了！你們就像粉飾過的墳墓，外面漂亮，裡面卻塞滿了死人的骨頭和各種污穢。"
>
> 馬太福音23:27（新普及譯本）

親愛的孩子，做一個透明的人，並要正直和誠實。學我的樣式。當你真誠對待人，人會看清你並且認識你。不要把你的行為，無論好壞，隱藏起來。要謙卑。說話之前要管住你的嘴。你的言論必須是有愛心，關注人的。這樣你才會有清潔的良心。要像德蕾莎修女那樣單純。做正確的事，不是為了表現，每個行動為的是要討我的喜悅。讓這想法成為你唯一的動機。讓你說的每句話帶給我榮耀。讓你的每個行動都做在我的名下。如此，你才會從裡到外都是潔淨的。

> 天上的爸爸，我說的和做的每一件事，都是要討你的喜悅。幫助我在所有的動機上都是正直誠實的。

保持警醒

> "所以，你們也必須保持警醒！因為不知道你們的主哪一天會來。"
>
> 馬太福音24:42（新普及譯本）

我的孩子，張大眼睛看著我。若閉著眼睛，你會絆跤摔倒。要警醒並且警惕。只有這樣你才能看見屬靈的世界，那個與你周圍物質世界一樣真實的世界。大部分的人只是眼睛半張地度過一生。他們對我沒有期待的信心。沒有目標地度過每一天。但是你，寶貝孩子，為了上帝更大的榮耀活在每一刻。讓你說的每句話都能帶領人來與我親近。讓你的每個行動都充滿了對人的慈愛和憐憫。儘量地花時間為人禱告。要保持警覺，這樣你就會意識到我的同在。有我在你身旁，你每天就可以活到極致，為了天父的尊榮和榮耀。每天行善，不要有任何的焦慮或壓力。要活在當下。關心我，等待我就像在等待你所愛的人回家一樣。用喜樂和興奮的心情來等候。

> 主啊，我心渴望與你同在。我期盼與你面對面相見的那天。你是我所愛，我的寶藏。

永恆的磐石

> "要永遠信靠上主，因為上主
> 上帝是永恆的磐石。"
>
> 以賽亞書26:4（新普及譯本）

在異象中，我看見一個金子做的聖殿建在一個大磐石上面。耶穌對我說，"我的孩子，我就是那個磐石。我絕不會改變或動搖。我一定會兌現我說的每句話。你可以信任我，依靠我。我是道路，真理和生命。除我以外，沒有真神。爬上這磐石來就近我。在你危難中我會遮蔽你。我會保護你不受到任何傷害。我會在惡者前面屏蔽你。你是屬我的。來到我的殿中日夜敬拜我。我聽見你所有的禱告和呼求。我會回應你，賞賜你的需求。你要像孩子信任他父母一樣地信靠我。你不需要擔心任何事，只要緊緊抓住我。我是你的磐石，你的拯救。"

> 我的主，我的上帝，我單單依靠你。你是我的磐石，我的拯救。我別無所有。

忠心的僕人

> "做得好！我忠心的僕人。你在小數目上忠心可靠，現在我要把更多的責任託付給你。來跟我一起慶祝吧！"
>
> 馬太福音25:21（新普及譯本）

我的孩子，我知道你能勝任什麼樣的事情。我不會要求你去做你處理不了的事情。在僕人得錢的比喻中，得五千銀子的僕人拿去做買賣，他又賺了五千。得二千銀子的僕人，也賺了二千。他們兩人都讓主人非常開心。兩個人都得到更多的責任為獎賞。但那個只有一千銀子的僕人，怕失去那銀子，不去投資，只把錢埋在地裡。不要怕去用我給你的恩賜。用的越多，你就是越好的僕人。要多結果子，去和別人分享你的恩賜。你給得越多，更多的就會加給你。要成為我喜樂而忠心的僕人。

> 主啊，我要成為你忠心良善的僕人。求你把任何攔阻我服侍你的恐懼除去。

眼目沒有昏花

> "摩西死的時候年一百二十歲。眼
> 目沒有昏花，精神沒有衰敗。"
>
> 申命記34:7（和合本）

寶貝的孩子，不要害怕年老。如果一直服侍我，順從我，即使在你老年的日子你仍然可以有健康愉快的生活。如果你親近我，住在我裡面，你會在一切的情況下經歷平安。有了我，你就不會懼怕，焦慮或壓力。沒有我，你要掙扎地去度過每一天。我是你的好牧人。我會用我的杖我的竿來保護你。常常愉快，永遠喜樂。

> 榮耀的上帝，為我的一生感謝你，讚美你。我擁有的一切都從你而來。你是我的好牧人

靈和生命

"我對你們說的話就是靈，就是生命。"

約翰福音6:63（新普及譯本）

在異象中我看見上帝的話像一隻蝴蝶。它要去哪裡就飛到哪裡，同時把花粉傳到那裡。那樣，就結出許多果子來。它一直不停地在動，而且非常的美麗。耶穌對我說，"是的，我的孩子，我的話帶著能力的。無論接觸什麼，它就帶出生命。聖靈隨己意而行動。他像新鮮的空氣，能恢復並重建人的靈魂。每天你當花高品質的時間在聖經上。那會使你的生命豐盛，而且滿有智慧。"

主耶穌，用你的話來充滿我，你的話比金銀更寶貴。你的話是引導我的光。

歡樂

> "我要因耶路撒冷歡喜,因我
> 的子民歡樂,哭泣和哀號的聲
> 音在那裡再也聽不到。"
>
> 以賽亞書65:18-19(新普及譯本)

寶貝的孩子,你記得你父親多年前擁有的一組
玉做的小動物嗎?他通常是從他書桌內的一個
秘密夾層中拿出來欣賞它們。這些小動物是他
多年珍惜的寶藏。你是我珍貴的寶藏,我的喜
樂。我的目光總是在你身上。我把你放在我心
中,不讓仇敵把你從我這裡奪去。我看重你的
每個行動,說的每句話,因為你在母腹時我就
創造了你。在整個宇宙中沒有另外一個人像
你。你是獨特的。你是我無價的寶玉。我用我
的血和肉來做你的贖價。我要你與我在一起直
到永永遠遠。你是我所愛的,我是你的。

> 主啊,我盡心,盡性,盡力愛
> 你。將我藏到你心裡,不要讓我
> 與你隔開。我是完全屬你的。

九月

風就停了下來

> "耶穌醒來，喝斥狂風，又對浪
> 說：'安靜！止住！'突然，風就
> 停了下來，湖面一片平靜。"
>
> 馬可福音4:39（新普及譯本）

是的，我的話是有能力的。即使是狂風和暴雨
也聽從我。你的話也是有能力的，可以建立或
傷害另一個人，可以鼓勵人或把懼怕放進人心
裡，可以醫治或摧毀另一個人。所以，說話要
有智慧。不要說任何傷害或沒有愛心的話。你
無法把話收回來。一旦說出去，就不能轉回
了。親愛的孩子，開口之前要先想清楚。

> 主啊，求你看緊我的嘴。幫助我按
> 你的旨意，智慧地去說每句話。

聖山

> "在我聖山的各處，沒有傷害，也沒有毀滅，因為就如同水注滿海洋，認識上主的人也要遍滿大地。"
>
> 以賽亞書11:9（新普及譯本）

在異象中，我看見一座大山，山頂都是雪，像是富士山。我開始爬的時候，山路不陡，很容易爬。後來到了高處，地勢改變，大石頭和積雪越來越多，就爬得困難，並且非常地冷。最終到了山頂時，我周圍的景色令人嘆為觀止。我看見一隻大老鷹飛過去。一定是聖靈在我不自覺時，一路帶領我達到山頂。在那一刻我是從上帝的角度來看這世界。一切看起來非常的平安，非常的美麗。我知道能爬到山頂是因為我跟隨著耶穌，他在前面帶領著我。我絕不可能獨自一人做到的。

上帝，為這美麗的異象感謝你。我會永遠地珍惜它，你是一位讓人敬畏的上帝！

斥責他們

> "但耶穌卻斥責他們，不准他們說話，因為他們知道他是基督。"
>
> 路加福音4:41（新普及譯本）

我的孩子，頭腦的認知與內心的認識是不一樣的。認識我與敬拜我也是不一樣的。邪靈知道我是誰但是它們拒絕敬拜我。這是我為什麼要斥責它們　。你是我的孩子，認識我，也愛我，我絕不會斥責你或攔阻你向別人傳講福音。你以你的善行來榮耀我。你把人帶到我的面前。你是我寶貝的孩子，我對你非常地滿意。

> 主啊，我全心愛你。保護我遠離所有邪惡的靈。幫助我向每個人宣講你的福音。

得人

> "不要害怕！從今以後，你
> 得人就像得魚一樣！"
>
> 路加福音5:10（新普及譯本）

寶貝的孩子，如果你按照我所告訴你的一切去行，你就會像彼得和約翰那樣對工作的成果大為驚嘆。我是有計劃的在地上建立我的國度。我知道在什麼時候下網你才會得到豐收；在什麼地方，你能得到許多的人。若你學會在你做的每件事上聆聽而且遵行我的指示，你就會帶領許多人來到我面前。我最希望的就是你和我的門徒都一起在我的國度裡與我享受婚宴。來吧！我忠心的僕人。

> 主啊，我在這裡。我來是要遵行
> 你的旨意。願你國度降臨！

毫無瑕疵

"上帝藉著基督肉體的死亡，讓你
們跟他自己和好，藉此把你們帶
到他那裡，使你們毫無瑕疵帝站
在他面前，聖潔而無可指責。"

歌羅西書1:22（新普及譯本）

我的孩子，當保持你自己的純潔和無罪，還要
穿戴基督。試想你穿著那套你在受洗那天我給
你的全白發光的衣服。要盡力地保持它的完美
無瑕。學習去過一種沒有仇恨或怨恨的生活。
你已經被水和基督的寶血洗乾淨了，所以要讓
基督的光來充滿你。你也已經從罪的奴役中被
贖了出來。所以要去活出一個展現基督榮光，
滿有愛和喜樂的生活。

主啊，讓我把你的愛傳播給別人。求你
幫助我披戴基督。保持我純潔無瑕。

無酵餅

> "所以我們守這節，不可用舊酵，
> 也不可用又邪又惡的酵，而是
> 要用純潔真實的無酵餅。"
>
> 哥林多前書5:8（新譯本）

親愛的孩子，成為我的無酵餅。替我做事時不要自大驕傲。讓你說的每句話，每個行動都是誠實和真誠的。如此，你才真正得我的歡心。讓你有單純簡單的動機。專注的用喜樂的心去做好我的每件事情。我喜愛樂意的奉獻者。喜樂的心是顆真誠的心。奉我的名，帶著愛，不求回報地去做每件事。天父會看見你做的每件事，並會獎賞你百倍。他知道你的想法，你的動機，你的好意，和真實的狀況。所以不要怕去行善。我會一直與你同在。

> 主耶穌，每天能為你工作是非常開心和愉快的。你是我的力量，我生命的目的。

他被刺透

> "但他卻是為了我們的叛逆被刺透，為了我們的罪被壓碎。他被痛打，為了使我們可以完全；他受鞭笞，為了使我們得以痊癒！"
>
> 以賽亞書53:5（新普及譯本）

在異象中，我看見一個兵丁把一個大釘子錘進耶穌的手裡。每錘打一次，我的心就痛。我受不了，掩住我充滿淚水和憂傷的眼睛。耶穌對我說，"我的孩子，不要為我，要為你的罪哭泣。每個罪和這根釘子刺入我是一樣地痛。我愛你，我心甘情願地代你受苦，讓你有一天被釋放而且能與我一起在沒有眼淚沒有憂傷的天上。這是為什麼我說，'如果你愛我你會遵行我的誡命。'每一個不遵行我誡命的人，就得罪了天父。當你遵行我的誡命，你就會得到自由，得到滿有自由和喜樂的生命"

主耶穌，謝謝你為我受的一切痛苦。我全心地愛你。我為我犯的罪心中深深懊悔。

聖靈

> "因為她所懷的孩子是由聖靈而來的。"
>
> 馬太福音1:20（新普及譯本）

寶貝的孩子，你也一樣地有聖靈。你可以像我的母親馬利亞一樣對主說"是的"把我懷在你心裡。每次把我介紹給別人，你就將喜樂和盼望帶給他們。每次你願意讓我使用你，你成為我忠心的僕人。聖靈住在你裡面，會提示你做事時要有極大的愛心。每個微小的行動都是為了我的尊榮與榮耀而做。向我母親馬利亞學習，她是你完美的榜樣。

> 耶穌，馬利亞，約瑟，我愛你們。求你今天，每天都與我同在。聖靈，來吧！求你用你的愛來充滿我的心。

屬地

> "要治死潛藏在你們裡面罪惡的，屬地的一切，不要沾染淫亂，污穢，邪情和惡欲。不要貪婪；人若貪婪，就是拜偶像，崇拜這世上的事物。"
>
> 歌羅西書3:5（新普及譯本）

在異象中，我看見自己在爬一座石頭山。我攜帶的東西越多，就越難爬到山頂。耶穌對我說，"我的孩子，這個景況是因為你身上有許多地上的東西和罪惡的欲望。它們會攔阻你前往，會使你分心不能到達目的地，就是能與我一起共度永恆。當你最後爬到山頂時，我們會非常的高興。我會一路上幫助你，但卻無法為你除掉你的包袱。你必須自己願意去丟棄它們。卸下你所有的擔子，來跟從我。"

> 主啊，我真是等不及要與你永遠在一起。幫助我倒空自己，讓我能夠在山頂上找到你。

要愛你們的敵人

> "要愛你們的敵人！善待憎恨你們的人，祝福咒詛你們的人，為傷害你們的人禱告。"
>
> 路加福音6:27-28（新普及譯本）

我的孩子，你的敵人也是我的孩子。對待敵人的唯一方法就是像我一樣地去愛他們。我在十字架上是為每一個人而死：猶太人，外族人，回教徒，異教徒，和所有的人。所以不要恨任何人。只有愛才會帶來他們的歸信。只有愛能醫治並且使大家合一。我最大的願望就是所有的人合而為一像我和天父一樣的合一。所以，要去愛，去愛，去愛。甚至愛你的敵人。

主耶穌，賜我一顆像你一樣的心去愛每個人。幫助我有更多的慈愛和憐憫。

按照自己的形像

> "於是上帝就按照自己的形像造人。
> 照著自己的形像，上帝造了人；
> 他造了男人，也造了女人。"
>
> 創世記1:27（新普及譯本）

寶貝的孩子，看著鏡子。你看到什麼？我看到一個美麗的靈魂有我的形像與樣式。我看見一個靈魂能夠愛別人，甚至去愛陌生人。我看到一個靈魂預備好去饒恕，去悔改。所有耶穌在登山寶訓中提到的特質都在這靈魂裡。有我你可以成為一個使人和睦，滿有憐憫，喜樂的人。一個充滿感恩，願意去為我和別人捨命的人。這是為什麼當我造了亞當和夏娃的時候，我說"甚為美好"。我對我所有的創造都非常的滿意，特別是你。寶貝的孩子，當我看見你，我看見我的兒子耶穌在你裡面。每天把這個圖像記在你心中。

> 親愛的天父，謝謝你按你的形像和樣式造了我。謝謝你賜我生命。謝謝你像愛自己孩子一樣愛我。

起來行走吧

> "彼得卻說:'金子,銀子我都沒有,
> 但我要把我有的給你:奉拿撒勒人
> 耶穌基督的名,起來行走吧!'"
>
> 使徒行傳3:6(新普及譯本)

我的孩子,我已經給了你能力像彼得,約翰和其他的門徒一樣,能夠去醫治別人。還記得我差遣72個人出去,他們歡喜快樂地回來嗎?他們興高采烈因為他們可以奉我的名去醫病和趕鬼。是的,我的名字帶著能力。你每次的呼求,我會在那裡支持你。你的手會成為我的手,你的話成為我的話。我的話有能力去醫治和復原。這就像彼得奉我的名禱告之後,那個瘸腿的人就跳起來行走。他的腿變為強壯,能跟著彼得走進聖殿。那就是我所期望的。我願意人得到醫治,進入我的殿去讚美上帝。去吧,也照樣去行。

主耶穌,我知道你是我們的醫治者和我們的救贖主。請你給我勇氣像彼得那樣地去為別人的醫治禱告。

滿有榮耀的大喜樂

> "你們雖然沒有見過他，卻愛他；現在雖然不能看見他，卻信他。因此，你們就有無法形容、滿有榮耀的大喜樂，得到你們信心的效果，就是靈魂得救。"
>
> 彼得前書1:8-9（新譯本）

在異象中，我看見一對皇家婚禮的新人站在皇宮的陽臺上對著下面一大群人在揮手。他們親吻，充滿喜樂地微笑。耶穌對我說，"親愛的孩子，當你進入我的國度你就會經歷這樣的喜樂。我會歡迎你進入我的婚宴。會為你預備個盛大的宴席。在陽臺上我會站在你旁邊，對著所有得到救恩的聖徒揮手。你的心有喜樂滿溢。不是因為大家在為你歡呼，而是因為你終於和我聯合在一起。我們變成一體。我們對彼此的愛就像在異象中的新郎和新娘那樣。"

> 主啊，我盡心，盡性，盡意，盡力愛你。你已經把許多的愛和喜樂充滿我。耶穌，我讚美你。

生命的道路

> "你已為我指明生命的道路,還要
> 使我因你的同在而滿心喜悅。"
>
> 使徒行傳2:28(新普及譯本)

在異象中,我看見自己走在耶穌的後面,耶穌正在前面的叢林中清出一條路。他告訴我要緊跟著他,不要擔憂。當路徑變得難走有許多爛泥,他就抱起我,不讓我陷在泥潭裡。當路徑經過一個有許多花,美麗的地方,他就讓我休息,享受風景。在路徑的終點,我們到了海灘,有美麗的藍天和海水像我在夏威夷看過的。非常開心! 我知道那時在天上。耶穌對我說,"親愛的孩子,這個異象顯示出,只要你與我同在,你就沒有什麼好怕的。我會保護你,帶領你一生的道路。只要你靠近我,你不會有任何的憂慮。你會被我的愛和喜樂充滿。"

何等美好的異象!主耶穌,讓我永遠記得你是走在我的前面。我沒有什麼好怕的。

為食物勞力

> "不要為那必壞的食物勞力，要為那存
> 到永生的食物勞力，就是人子要賜給
> 你們的，因為人子是父神所印證的。"

約翰福音6:27（和合本）

寶貝的孩子，地上的食物只能滋養你的肉身。
幾個小時以後你就會再餓。我的身體和我的寶
血是屬靈的食物。當你吃我的身體，喝我的
血，你就會有永恆的生命，而且再也不會餓，
不會渴。你會被聖靈充滿，感到滿足。你的靈
魂會得到滋養，轉化成我的樣式。你會被我的
恩典和大能充滿像司提反一樣。你的臉會因基
督的光芒而發亮。你會有對人宣講福音的熱
情，能為我忍受各種的痛苦和苦難。為不會毀
壞的食物勞力，你將得到滿足。

> 主啊，為你工作是快樂的，因為你的
> 工作是容易的，你的軛是輕省的。

像羊羔一般

> "他像羊羔一般,被拉去宰殺,
> 又如綿羊在剪毛的人面前默默
> 無聲,他也同樣不開口。"
>
> 使徒行傳8:32(新普及譯本)

在異象中我看見耶穌正在被釘十字架。他因疼痛張開了口,卻沒有發出聲音。耶穌對我說,"最大的愛是人為另一個人捨命。親愛的孩子,我心甘情願地在十字架上為你捨命。我要與你在天上有永恆的生命。愛是為另一個人犧牲。一位母親受盡生產的苦生出她的孩子。一位父親日以繼夜地工作為要供應他家人的需要。真愛是為另一個人的好處付出和犧牲。愛需要犧牲,沒有捷徑。像只羊,我願意在十字架上為你放棄我的生命。你是寶貴的。我用我的身體和血來贖你。每次你吃我的身體,喝我的血,你就明白我是多麼地愛你。"

> 主耶穌,你為我所作的,我永遠感激不盡。讓我永不與你隔絕。

經文

> "於是耶穌開了他們的心竅，
> 使他們能明白那些經文。"
>
> 路加福音24:45（新普及譯本）

我的孩子，讀聖經就像是在讀我寫給你的情書。聖經中的每個字都有深刻的含意。它闡述真理，顯明靈界中真實的狀況。每天讀經，它會開你的眼，使你明白你所行的一切。它會開你的心思意念從上帝的觀點來看真實的狀況。它會引導你用新的方式來解決問題，會在你掙扎困難的領域為你開門，會帶給你和你的家人祝福。我的話會使你得自由。它會轉化你，使你變得更像我。通過經文，你會被引領進入我的國度。經文是引向我心的道路。要常常讀經。在心中默想經文。

主啊，我喜歡讀聖經。你的話是無價的。謝謝你給我這麼美好的寶藏。

利劍

> "這孩子註定要使許多<u>以色列</u>人跌倒，但也會使許多人喜樂。他是上帝差來作為憑證的，但會有許多人反對他。許多人心底的意念將會因此顯露，你的心也會被利劍刺透。"
>
> 路加福音2:34-35（新普及譯本）

寶貝的孩子，把你一切的痛苦拿到我這裡來，我會把它們和我的心連結在一起。只有經過痛苦你才會成長。你的心會因恩慈憐憫成為柔軟。每次的受苦都是寶貴的。擁抱你的試煉，藉著受苦，你會更堅強地在屬靈上得到成長。沒有痛苦，就不會受益。通過受苦你會瞭解別人所經歷的。你會理解他們的內心，如此去幫助他們。若不受苦，就沒有救贖或醫治。所以凡事要忍受。將一切降服於我。那樣，你的心就能與我們的心聯合在一起。

親愛的耶穌，我把我的心給你。讓我永不與你隔離。

愛多

> "我告訴你，她的罪雖然眾多，但都已得
> 到赦免，因此她向我表露的愛就多。"
>
> 路加福音7:47（新普及譯本）

愛能遮掩所有的罪。不要專注在自己的罪過上，要注意我是多麼地愛你。我的愛能醫治破碎的心。我的愛勝過一切的罪惡。這就像大雪之後，溶化的雪把骯髒的街道洗乾淨了。沒有灰塵，沒有污垢。一切都被純潔的白雪洗淨。愛征服所有的邪惡。愛可以讓人從黑暗進入光明。愛溶化所有的仇恨，怨氣，和憤怒。愛帶來喜樂和醫治。愛永不失敗。愛征服一切。今天對所遇見的每個人，你成為我對他們的愛。將我的祝福傳給他們。把我的愛傾倒在他們身上。讓每天都成為有大愛的一天。成為我的手，我的心，去支援和擁抱所有需要我愛的人。

> 是的，主啊，今天我要將你的愛分
> 享給我遇到的每一位。我唯一需要
> 你。賜給我更多你醫治的愛。

跟從過耶穌

> "公議會成員見<u>彼得</u>和<u>約翰</u>的膽量，都驚奇不已，因為他們看得出這兩人只是平民百姓——沒有在聖經知識方面受過什麼特別訓練。他們也認出這兩人曾經跟從過耶穌。"
>
> 使徒行傳4:13（新普及譯本）

你是我的伴侶嗎？你享受與我坐在一起談天嗎？如果你不和我在一起，會感到孤單嗎？你會想念我嗎？我願意做你的伴侶，邀請我進入你的日常生活。我想和你分享我對事情的看法，願意和你去不同的地方見你的朋友。你休息時，我喜歡坐在你旁邊。我很願意和你一起吃飯，傾聽你所有的快樂和問題。你不知道我渴望跟你在一起嗎？每天早上你在聖餐禮中來接受我，但是當你走出了教堂，我好像就不在你的生活中了。你能看出我有多麼喜歡你的陪伴嗎？我比你想像的更愛你。

> 主耶穌，我實在抱歉沒有邀請你進入我生活中的每一個領域。今天以及每一天都請你來作我的同伴。

謙卑

> "上主譏笑好譏笑的人，
> 卻恩待謙卑的人。"
>
> 箴言3:34（新普及譯本）

寶貝的孩子，謙卑的意思就是完全依賴我。一個傲慢的人認為他靠自己就可以把所有的事情都做得很好。但是一個謙卑的人知道他自己真實的能力。沒有我，你什麼都不能做。你擁有的都是天父賜予的。一個謙卑的人知道自己的有限，不會為自己的行為驕傲。　他在沒有開始做事之前會求我的幫助。一個傲慢的人會獨自一人去做，而且認為靠自己一人就可以把事情作好。一個真正謙卑的人是一個通情達理和親切友善的人。他願意聆聽，當他錯了也會承認。他會同情別人，不會嚴厲地去批評別人。我的孩子，學我的樣子，因為我是謙卑溫順的。

> 主啊，沒有你我是無助的。你是我的生命，我的拯救。幫助我成為像你一樣的謙卑和溫順。

喝我血

> "我實在告訴你們，你們若不吃人子的肉，不喝他的血，你們裡面就沒有永生。那吃我肉，喝我血的人，才有永生，我要在末日讓他復活。"
>
> 約翰福音6:53-54（新普及譯本）

寶貝的孩子，你知道從前猶太人的食物中不可以有任何血的嗎？這是為什麼他們必須把所有動物的血都放光了才能吃。他們相信血是生命的本質。任何人吃了沒有放血的動物會被它污染。每個喝我血的人會被轉化成為我的形像和樣式，而且有豐盛的生命。我的血將給你新的能量，精力和權能去勝過一切邪惡。我的血會洗淨你所有的罪，包括你祖宗過去所犯的罪。當你吃我的身體，喝我的血就好像接受了輸血一樣。它會使你恢復體力，與我更親近。你就變成我的近親，成為我親愛的孩子。

> 主啊，謝謝你每天早晨在彌撒中賜給我們你的身體和你的血。那永遠是我一天中最精彩的時刻。

。

歇了

> "第七天，上帝歇了他一切的工作。"
>
> 希伯來書4:4（新普及譯本）

我的孩子，在我裡面休息。挨著我身邊休息就像在最後的晚餐時我的門徒<u>約翰</u>那樣。聽我的心跳，緊挨著我。若不休息，你無法有效地為我作工。每晚得到足夠的睡眠，和在周日休息是非常重要的。你的身體需要休息。你的靈魂需要休息。你需要花時間與我安靜地獨處。就坐在我腳前，把你的頭靠在我的大腿上。我會使你恢復體力，更新你，重建你。如果在我裡面安息，你就能成就大事。只有在那時，你才能做我的工，滿足我所有的願望。只有在那時，你才是在遵行我的旨意。

> 主啊，謝謝你，一直的支持我，
> 包括在我睡覺的時候。 我要在你
> 滿有憐憫和神聖的心中休息。

當快樂

> "少年人哪，你在幼年時當快樂，
> 在幼年的日子使你的心歡暢。"
>
> 傳道書11:9（和合本）

我的孩子，不要為明天憂慮。像年輕時一樣享受著每一天。遵循你的內心，天天欣喜。享受我賜給你的祝福。為你擁有的一切感恩。把讚美歸給愛你的天父，他供應你一切的需要。為我們給你的愛感恩。讓你每天被聖靈充滿，就好像太陽照在綠草地上。讓你的口像空中的飛鳥唱讚美的歌。你的嘴唇如同蜂蜜一樣甜，你的心像金子一樣地純淨。讓你身體的每一部分都讚美上帝，因為我們用永遠的愛來愛你。我會一直在你身邊支持你。當歡喜快樂！

> 主啊，我的心歡唱。你是一位令人敬畏的上帝！對你為我所作的一切，我感激不盡。

公義公平

> "我們行事公義公平，比獻祭
> 更能討上主的喜悅。"
>
> 箴言21:3（新普及譯本）

親愛的，每個你令我喜悅的行動都比你為罪懺悔而獻的祭更加寶貴。你的善行不單使你受益，也會幫助你周圍的人。你對別人的仁慈和憐憫，就會積極地建立我的國度。對那些愛別人多的人，他就會得到更多的饒恕。愛使我的心喜樂。沒有行動的愛像一個嘈雜的鑼。只有遵行我眼中看為公義和公平的事才會讓我喜悅。當你順從我的誡命，聽從我的教導，你就行出我孩子該有的樣式，而且還積攢財寶在天上。每天若遵行我給你的計畫，你就不會浪費任何力氣。若遵行我的指示，你的每一步都會成功。不要浪費時間去後悔你的失敗，而是要每天有個新的開始

親愛的天父，我要去做你眼中看為公義公平的事。求你賜我智慧去跟隨你的兒子耶穌去做每一件事。

這樣的小孩

> "凡為我接待一個像這樣的小孩
> 的，就是接待我；凡接待我的，
> 就是接待差我來的父。"
>
> 路加福音9:48（新普及譯本）

每個孩子都是獨特的。每個孩子都需要有人去引導他，幫助他。無論你為這最小的孩子做了什麼，你就是做在我身上。張開你的膀臂去接納他們，擁抱他們，愛他們。顯示你愛我的方式就是去愛那些最脆弱，最不可愛的人。只有在愛別人的時候，你的心才會被擴張。你會看到給予的美麗。透過他們你會得到我的愛。給的越多，得到的會更多。這是條雙向路。幫助一個孩子成長變成我的樣子，你的生命將會更豐富。你會得到百倍的賞賜。慷慨地給，深深地去愛。

> 主啊，求你將你對每個人的愛與
> 恩慈充滿我的心。開啟我的心讓
> 我能用你的眼光去看他們。

我的僕人

> "他對我說:'以色列啊,你是我
> 的僕人,你要帶給我榮耀。'"
>
> 以賽亞書49:3(新普及譯本)

在異象中,我看見自己像個僕人,穿件白色的小圍裙,戴著一頂白帽子。我站在主人的面前,等候他的指示。耶穌對我說,"寶貝的孩子,要成為一位忠心的僕人你必須先仔細聽我的話。不可以不問我就自己去行動。同時還要遵從我的指令。更重要的是在你開始任何工作以前,要先安靜地聆聽我的話。 只有這樣你才真正成為我的僕人,才能成為我有效率的工人。不先花高品質的時間與我獨處,你就會忙著按自己的意思去做你想要做的事。要成為我忠心的僕人,你必須貫徹到底的去執行我給你的使命,就像德蕾莎修女和教宗若望保祿二世那樣。這是需要恒久忍耐和自我犧牲的特性。去照樣行吧。

> 主啊,我在這裡,要遵行你的旨
> 意。賜給我力量去執行你為我所
> 計畫的,直到我生命的末了。

命令火從天上降下來

"主啊，我們應該命令火從天
上降下來，燒死他們嗎？"

路加福音9:54（新普及譯本）

親愛的孩子，要用愛來戰勝惡。不要以眼還
眼。對待那些恨你逼迫你的人，更多的給予他
們。只有藉著愛你才能戰勝那惡者。只有透過
犧牲和受苦你才能改變這世界。惡只能產生更
多的惡。惡殺死及毀壞。愛卻讓花開在各處。
不要斥責人因為你不知道他們的內心。有些行
為看起來不可愛，但是動機是純潔的。有些行
為看起來很高尚，但是動機可能是惡毒的。所
以不要去論斷， 你也不會被論斷。不要說出任
何蓄意害人的話語，只說鼓勵和仁慈的話。你
的話是有影響力的。你可以建立或是毀壞一個
人。用慈愛的話去建立我在地上的國度。

親愛的天父，只有你有永生的道。幫助我
在說話前把守我的口。使我對人，包括我
的敵人，只說出有愛心和仁慈的話語。

應許

> "正如上帝曾經向<u>亞伯拉罕</u>所作的應許。
> 因為沒有比自己更大的可以指著起誓，
> 上帝就以自己的名字起誓說：'我必定賜
> 福給你，使你的子孫多得數不勝數。'"
>
> 希伯來書6:13-14（新普及譯本）

每天早上吃聖餐，領受我兒子耶穌的身體時，我怎能不祝福你呢？你的肉身不再屬自己了，而是屬耶穌的。你的想法也改變了，順從我兒子的想法了。你是我的孩子。我愛你像我愛我的兒子耶穌一樣。當初耶穌在<u>約但河</u>受洗時我對他說的話，現在我也對你說同樣地話："你是我所愛的，我非常喜悅你。"你的孩子也是我的孩子。我愛他們勝過你愛他們。你的家人成了我的家人。我會用無限的愛祝福他們每一個人。他們將會藉著你來認識我。對我要有信心，相信我。

> 親愛的天父，我的主，我的上帝，你對我的愛是超乎我所想像的。成為你所愛的孩子是多麼地有福。我敬拜你，我愛慕你。

我的救贖主

> "然而，我知道我的救贖主活著，
> 最終他必站立在大地上。"
>
> 約伯記19:25（新普及譯本）

親愛的孩子，我不是你的迫害者，而是你的救贖主。我只想給你對你最好的一切。你可以信任我。我已經付了你救恩的代價。不需要害怕，你在我生命冊上。你的名字刻在我的手掌心裡。我永遠不會忘記你，也不會遺棄你，因為你是屬我的。不要聽信別樣的話。你是上帝的孩子，而且我們住在你裡面。你的身體是我們的聖殿。好好照顧你自己。我會像一個好律師一直陪伴著你，確認你得到自由，而且能得到你該得到的一切。我是你的辯護者，解放者，和幫助者。你可以依賴我，相信一切都會美好。

> 主耶穌，謝謝你救贖我，拯救我。我會一直信任你。你是世人的救主。

十月

天使在天上

> "你們要當心，不可輕視任何一個這樣的小子。我告訴你們，他們的天使在天上總是侍立在我天父面前。"
>
> 馬太福音18:10（新普及譯本）

寶貝的孩子，你的守護天使一直是與你同在。你不會是孤單的。每個人都有位守護天使，但是不是每個人都聆聽或是注意到他的天使。若注意到的話，這人是有福的。天使是上帝的報信者，他們要將那最好的帶給你。要留心他們的存在。有需要時，可以呼喚他們。禱告時，試想你的禱告被你的天使捧在碗裡直接送到天父面前。每個禱告都會被聽見。天父看重你的每個祈求。他跟我一樣地關心你。你的天使不會離開你。他們會一直在你身旁，會日夜看守你，因為你是我們的寶貝。

> 我的守護天使，我的保護者和我的引導者，謝謝你一直在那裡支持我。請為我禱告。

芥菜籽

> "如果你們哪怕有像一粒芥菜籽那麼小的信心，能夠對這顆桑樹說，'連根拔起來，投進海裡，'它便會服從你們！"
>
> 路加福音17:6（新普及譯本）

信心就是相信我。對我而言，沒有什麼事情是不可能的。看看我所造的這粒小種籽。它可以開花長成一棵大樹，有許多美麗的綠葉以及多汁的果實。若有信心，你也一樣可以做大事。若有我的幫助，你就會很容易的，你所接觸的每件東西都可能被改變。記得<u>彼得</u>的影子是怎麼醫治對他有信心的病人嗎？所以當你對我是完全相信和信任，你也一樣能行同樣的事。所有的能力都是從我而來。不要與我分離。沒有我，你什麼也不能做。有我，你就可改變這世界。

> 主啊，你是行神跡的神。你有永生的話。我相信你，我依靠你。

動了憐憫的心

> "只有一個<u>撒瑪利亞</u>人，旅行來到他那裡，看見了，就動了憐憫的心。"
>
> 路加福音10:33（新譯本）

親愛的孩子，敞開你的心。不要怕為了愛別人而受苦或犧牲。只有通過愛，你在生命中才會有喜樂。你為我或為別人做什麼都不重要，重要的是你心底的狀況。沒有愛，所做的一切都是徒然。若有愛，所有憐憫，慈愛的行為都像收集在天上集寶箱中的珍珠。什麼都不浪費。我要的是憐憫和慈愛。愛和寬恕才是最重要的。許多的工作是因驕傲而發起的。只有為了憐憫與慈愛而做的才是真愛。用極大的愛和同情心去做每一件事。沒有比為人捨命更大的愛了。你一切的行動，要學我的樣式。在你日常生活中要以我為榜樣。熱切地去愛。永不止息的愛。

哦，主啊，轉化並改變我的心。把我塑造成你的樣式。用你的愛和仁慈充滿我。

思慮煩擾

> "馬大，馬大！你為許多的事思慮煩擾，
> 但是不可少的只有一件，馬利亞已經
> 選擇那上好的福分，是不能奪去的。"
>
> 路加福音10:41-42（和合本）

若把精力花在屬世的事物上，你就會有思慮煩擾。但是若把注意力放在我身上和放在屬天的事上，你會經歷平安。世上的每件東西都要過去，只有屬靈的事才是永恆的。當你用我的眼光看到大局的時候，你就知道我在掌管一切，而不會為任何事情擔心了。有我在你身旁，你就不必為任何事情操心。即使事情看起來有些混亂，有我在，就有平安。我在乎你生活中的細節。我知道你頭上的每一根頭髮。你生命中沒有任何事情我是不知道的。所以專注地每一天看到我的同在。

主啊，我要像馬利亞一樣坐在你腳前，聆聽你智慧的話語。用你的平安來充滿我。

朋友

"假設你半夜去朋友家,想借三個餅,
你對他說:'一個朋友剛好來探望我,
我家裡卻沒有吃的招待他了。'"

路加福音11:5-6(新普及譯本)

在異象中我看到一個大哥哥牽著他妹妹的手走在街上。耶穌對我說,"寶貝的孩子,我的好朋友,我就是你的大哥哥,超乎你想像地愛你。我隨時預備保護你,引導你。把你的手交給我,我會帶領你。我會幫助你的每一步。你可以信得過我會一直在那裡幫助你。當你累了,疲勞了,我會托住你。我會幫助你去爬很陡的山丘。當你走不動的時候,我會背著你。你是我的朋友和我的寶貝。我絕不會離棄你,會一直在你身旁。哀傷時我會安慰你。開心時,我會與你一起快樂。當你疲倦的時候,我會讓你休息。來,靠在我身上。"

耶穌,你是何等的好朋友!你比珠寶更珍貴。謝謝你願意成為我的朋友。

咒詛

> "然而基督把我們從律法所宣告的詛咒中解救出來。他被掛在十字架上，親自承擔了我們因過犯而受的詛咒。因為聖經上寫著：'凡是掛在木頭上的人，都是被詛咒的。'藉著基督耶穌，上帝也把應許給<u>亞伯拉罕</u>的福分賜給了外族人，使我們這些信徒可以藉著信心得到所應許的聖靈。'"
>
> 加拉太書3:13-14（新普及譯本）

在異象中我看到一個天平。在天平的一邊是祝福，另一邊是咒詛。當祝福滿滿的時候，咒詛就從天平上滑落下去。耶穌對我說，"我的孩子，你有我所有的祝福。因為你是屬我的，你的生命中不會給咒詛有任何的空間了。在你一生的日子中，只有祝福才能跟隨著你。你當成為別人的祝福。幫助他們除掉身上的咒詛。在我的名下，你有能力和權柄去清除所有的咒詛。使用我給你們的權柄。將你的祝福傾倒在每個人身上。我和你在一起。"

主啊，謝謝你為我死在十字架上，使我從所有的咒詛下得到釋放。我感到好被祝福。

在洗禮中跟基督聯合

> "所有在洗禮中跟基督聯合的人，都穿
> 上了基督，就像穿上新衣服一樣。"
>
> 加拉太書3:27（新普及譯本）

我的孩子，當受洗歸入基督的那一刻，你所有的罪都被洗乾淨了。之後聖靈就降在你身上。從那天開始，你就成為我們的孩子。我天上的父非常的喜悅你。你開始在言語行動上像我。你的口會說出真理，你的心會像我一樣用憐憫恩慈去愛人。看你跟你的兄弟姐妹有多麼地相像？你們笑的時候是多麼地一樣？你們的口音又多麼地相似？這就是當你在基督裡受洗時所顯示出來的樣子。你轉化成為我的形像與樣式。你和我有一樣的想法，你的心也如同我的心一樣地喜樂。

> 主耶穌，我要每天越來越多地像
> 你。求你改變我，塑造我。

感謝

> "我不是治好了十個人嗎？其餘
> 九個人在哪裡呢？只有這個外族
> 人回來把榮耀歸給上帝嗎？"
>
> 路加福音17:17-18（新普及譯本）

十個痲瘋病人得到醫治。但是只有一個人得救
因為他意識到我是誰。他相信了我，而且也感
謝我為他所做的。他對我的信心救了他。任何
相信我，稱呼我為主的人就得到拯救。一個感
恩的心導致歸信。要為我為你做的每件事感
謝。一顆感謝的心是一顆心中存著愛的心。我
的孩子，每天要抱著一顆感謝和喜樂的心而活
著。我看你是很特別的，會永遠供應你的需
要。要像這個外族人，完全地信任我。你只需
要向我祈求，我就會滿足你心中的願望。我慈
悲的心會聽到你所有的禱告和祈求。祈求並且
感恩。

　　主啊，你是我的全能上帝！我全心愛
你。我這一生每天都感謝你，讚美你。

施捨

> "只要你們發自內心地去施捨，
> 一切對你們都是潔淨的。"
>
> 路加福音11:41（當代譯本）

親愛的孩子，當施捨時，你會注意到別人的需要。你心中比較會去愛和理解，會被正義和同情而感動。當施捨時，你的慷慨會洗去你的罪，會收穫你所栽種的。你的心會變得柔軟，會用同情來取代審判。一顆慷慨的心是一顆願意去愛的心。因為你愛的多，你的罪就得到赦免。無論你在最小的人身上做了什麼，你都是做在我身上。你為我所愛的人做的每件善事，我都會永不止息地報答你。你會得到豐盛的祝福。像骨牌效應，你的子子孫孫也會得到祝福。這些會深刻地影響到你。對所有向你尋求幫助的人，慷慨地給予。

主啊，給我慷慨的心使我可以像你一樣地有愛心地對待所有有需要的人。幫助我施捨給所有向我祈求的人。

果實

> "但聖靈卻在我們的生命中結出這樣
> 的果實：仁愛，喜樂，和平，忍耐，
> 恩慈，良善，忠實，溫柔，節制。"
>
> 加拉太書5:22-23（新普及譯本）

在異象中我看見一顆大樹，樹枝上掛著許多不同的果子。耶穌對我說，"你要先渴望果子，然後把它從樹上採下來去吃。若吃了那個果子，它就會變成你的一部分。我的孩子，這樹上所有的果子都是為你而準備的。它們是為了想要的人而預備的。果子只有在合適的土壤，常常被水澆灌才會長成。要常常禱告，求助於聖靈。每次開始一個新的事工或啟程到別的地方，要禱告呼喚聖靈。邀請祂進入你的心。聽從祂的意見，你將得到極大的獎賞。你將被祂的光和祂醫治的大能充滿。要多多結果。"

> 聖靈，求你來，你來吧！你是我
> 的安慰者，我的燈塔。用你的
> 愛，喜樂和平安來充滿我。

基督的血

> "在舊制度下，山羊和公牛的血以及小母
> 牛的灰，尚且能使人的身體得到禮儀上的
> 潔淨。可想而知，基督的血豈不更有潔淨
> 的功效嗎？他的血能潔淨我們的良心脫
> 離惡行，使我們能夠敬拜永活的上帝。"
>
> 希伯來書9:13-14（新普及譯本）

在異象中，我看見耶穌把一根紅毛線和一根白
毛線編成辮子。然後我又看到我的血和他的血
還有他的活水混合在一起。耶穌對我說，"我
是公義和慈愛的上帝。你所犯的每一個罪都有
後果。罪的工價乃是死。這是為什麼我必須為
你流血並且死在十字架上。我付了你的贖價。
你屬於我。我用我寶貴的鮮血遮蓋你。我把你
從永遠的懲罰中拯救出來。我把你從惡者的手
中救贖出來。你現在穿戴著基督並有我的光
芒。你不再是罪的奴僕，而是與我貼心的寶貝
孩子。你已被我的血洗淨了。去吧，不要再犯
罪。"

> 上帝的羔羊，你這位除去世人
> 罪的憐憫我。耶穌，你真是我
> 的救主，我的贖罪者。

合一

> "親愛的弟兄姐妹，我憑著我們主耶穌基督的權柄，勸你們要彼此和睦相處。不要讓教會出現分裂，倒要同心合一，想法要一致，目標要相同。"
>
> 哥林多前書1:10（新普及譯本）

在異象中我看到宇宙在和諧中運作。小的行星環繞在大太陽的周圍。每一個太陽都按照上帝的計畫在運行。上帝對我說，"我的國度也是這樣的運作。每一個教會就像個太陽。被教會中所有的神職人員環繞。每個人都圍繞著教會旋轉。每個人都為建立我的國度行善。為了讓這個宇宙變成更好的居所每個人都是需要的。每個人都是按照我的計畫得到呼召。不要有任何的嫉妒和分裂，因為你們只有一位上帝和一位上主。每個遵行我旨意的人都是我家庭的成員。"

> 主上帝，你是這美好宇宙的創造者。我敬拜你，我愛慕你。

光明的兒女

> "行事為人就該像光明的兒女。光明總
> 是結出良善、公義和真理的果子。"
>
> 以弗所書5:8-9（當代譯本）

在異象中我看見耶穌站在當中，他眾多的兒女
都站成一圈面向著他。他們的臉上都反射出他
的光。他們的背後是黑暗的。當孩子中有一人
轉開不面向耶穌，他離開了光，臉就變暗了。
耶穌對我說，"寶貝的孩子，要緊挨著我，一
直注視著我，不要轉身背向我。因為沒有我的
光，你就行走在黑暗中。你會跌倒，絆腳。當
你發現自己迷失的時候，就去尋找亮光。我會
在那裡引導你。尋求我的面，你就會看到光。
跟隨光，你就會找到我。我是你生命的中心。
我絕不會離開你或遺棄你。"

> 耶穌，你是世界的光。你是我的亮光和我
> 的拯救。沒有你的光，就沒有希望了。

法利賽人

> "法利賽人站著，自言自語地禱告說：'
> 神啊，我感謝你，我不像別人勒索、
> 不義、姦淫，也不像這個稅吏。"
>
> 路加福音18:11（和合本）

我的孩子，注意到法利賽人向自己的禱告。他不是在那裡讚美我或感謝我。他只是關注自己，講自己有多好。他自認為自己是多公義，多完美。他認為他比其他人都更好，特別是比那些眼睛往天看，心中在求上帝饒恕的稅吏要好很多。知道有許多人像這法利賽人一樣地祈禱令我心碎。親愛的孩子，不要輕視別人。我的心在乎那些地位低下並且卑微的人。他們會被我的恩典和能力而充滿。我就是選像他們這樣的人成為我的門徒。向他們學習。認自己的罪並且要謙卑下來。我會用聖靈來充滿你。

> 我心愛的耶穌，我實在懊悔我所犯的罪。我多次像這個法利賽人一樣地驕傲。我經常和別人相比。求你饒恕我。有你的幫助，我希望我再也不得罪你。你是我的最愛。

第一

> "第一要緊的，就是說：'以色列啊，你要聽，主我們上帝是獨一的主。你要盡心、盡性、盡意、盡力愛主你的上帝。'其次就是說：'要愛人如己。'"
>
> 馬可福音12:29-31（和合本）

在異象中我看見一個大的木頭十字架。耶穌對我說，"寶貝的孩子，這個木頭十字架是個讓你學習如何去過每一天的好例子。垂直的這根木頭是你對上帝的愛，而水平的這根是你向鄰舍伸出的膀臂。沒有垂直的木頭，那根水平的木頭會掉下去。要先被我的愛和力量充滿，你才能去愛別人。沒有我，你無法去聯繫那些不可愛和社會上弱勢的人。他們會變成你無法承受的重擔。但是當你的愛紮根在我裡面，像十字架的那根垂直的木頭，你就能背負你的十字架就像我當初背負我的十字架那樣。留在我的愛裡，那麼我就在你裡面。"

> 主耶穌，謝謝你為我死在十字架上。你是我的救主和救贖主。教導我主動地去與人連接。

大國

> "那一大國的人有神與他們相近，
> 像耶和華我們的上帝，在我們求
> 告他的時候與我們相近呢？"
>
> 申命記4:7（和合本）

寶貝的孩子，你有看到一窩蜜蜂是如何和諧地在一起工作並服侍它們的蜂王嗎？每只蜜蜂都有自己的那份工作而且在建造它們的蜂房上是非常重要的。服侍我的一個大國也是如此。當你向我禱告，我就會去幫助你。任何遵行我誡命的國家就會興盛，因為我的律法對於服侍我的人是有益的。若沒有我的誡命，就沒有和諧或平安，只有混亂和毀滅。我的孩子，要為你的國家禱告。他們在慢慢地轉離我，就像舊約中的人一樣。離開了我，就沒有拯救。為這個國家禱告，使它可以悔改，回轉向我。

哦，耶穌，求你向我們顯明回到天父天家的道路。祝福這個國家而且保護我們不受到任何傷害。

。

永遠不渴

> "喝這水的人，不久還會再渴。但誰喝了我所賜的水，就永遠不渴。我所賜的人要直他們裡面成為活水的泉源，湧流不息，讓他們有永恆的生命。"
>
> 約翰福音4:13-14（新普及譯本）

在異象中，我看到一條溪水從白雪覆蓋的山上湧流而下。溪水非常清澈，可以清楚地看見溪底的大小石頭。任何污垢，泥巴都被這湧流的溪水洗得一乾二淨。溪水湧流不息。在這溪水四周有許多小魚和小動物。耶穌對我說，"我的話就像這溪水，不停地流動。它可以塑造及改變人心，可以除去過去的罪過和羞恥。我的話可以醫治你所有的傷痛。它可以更新你的靈魂，使你的身體強健。它會給你希望和喜樂。天天來到我的活水面前並且讓它浸透你的生活。我的話會安慰你，洗淨你。"

> 主啊，將你的活水傾注於我心裡。洗淨我一切的罪。耶穌，我渴慕你。

認我

> "凡是在世人面前公開認我的，人子
> 在上帝的天使面前也必定承認他。"
>
> 路加福音12:8（新普及譯本）

我的孩子，你如果是我最好的朋友，我不會把你介紹給我所有的親朋好友嗎？我們之間就是如此。如果我是你最好的朋友，你會不會把我介紹給你所有的親朋好友？我叩你的心門。我渴慕要成為你家中的一份子。我要加入你的朋友圈，而且要被他們識別為你最好的朋友。當你和朋友談天的時候，你會不會常常講到你所愛的人？我是你所愛的人嗎？我會被你稱讚嗎？謝謝你每次在人面前承認我。我的朋友，不要停止對別人談論我。

> 主耶穌，你是我最好的朋友。你配得我所有的頌贊。謝謝你成為我的朋友。我會永遠珍惜你，也會在別人面前承認你。

行事正直

> "我必不追究他以前所犯的一切罪行，他必因行事正直而活著。"
>
> 以西結書18:22（當代譯本）

在異象中我看到一件漂亮的白衣服。耶穌對我說，"看到這件白衣服嗎？ 它很漂亮，不是嗎？美德就像這件白衣服。它們蒙上帝的喜悅。當你活出一個品德高尚的生活，天父會喜悅你所行的一切。反之，人若行的都是罪，這件白衣服就會變成破布，只能丟掉。親愛的孩子，要天天保守自己不去犯錯。常常到上帝面前去和好。我願意一直去饒恕你，並且潔淨你。要保持你的白衣服一塵不染。天天操練信心，盼望及慈善的德行。尤其要愛你的鄰舍就像我愛你那樣。平安地去吧。"

> 親愛的天父，為這異象感謝你。有你的幫助，我希望能保守自己一塵不染。幫助我克服我所有的罪惡。

警醒

> "主人來了，看見僕人警醒，
> 那僕人就有福了。"
>
> 路加福音12:37（和合本）

寶貝的孩子，我渴望與你在永恆中同在。我在天上已為你預備好了地方。要有耐心，並且警醒。在你意想不到的時候，我就會來到。每天活著就好像那是你在地上最後的一天。在乎的不是你做了多少事情，而是你愛了多少靈魂。重要的是你單獨地和我，以及和我所愛的人花了多少高品質的時間。有沒有坐在我腳前，專心地聆聽我，並遵行我天父的旨意？不需要憂慮，一點也不要焦慮。我來不是要定罪，乃是要拯救。我來是要歡迎你到天父的家裡去。我已為你預備好筵席，要和你所愛的人一起慶祝。我就要來了。

耶穌，我迫不及待地想與你面對面並與你在天上一起享受筵席。耶穌，我信任你。

點燃

> "我來是要點燃這個世界,我多
> 麼盼望火已經燃燒起來了!"
>
> 路加福音12:49(新普及譯本)

我的孩子,凡祈求聖靈的人都會得到報償。你已準備好你的心來接受聖靈。我願意每個人都被聖靈充滿。但是許多人不相信我或不愛我。他們的心是關閉的。若不邀請,我無法打開他們的心門。我站在他們心的外面叩門。我渴望把我的靈賜給每一個人。去和那些願意接受的人一起禱告。聖靈會教導你說什麼做什麼。他會給你一切所需要的恩賜來成為我的門徒。不要怕出去,為我燃燒起來。

> 聖靈,求你來。求你來點燃我們
> 的心使我們為耶穌大發熱心。
> 求你來更新世上的一切。

你會滅亡

> "你們要是不悔改,也會滅亡。"
>
> 路加福音13:5(新普及譯本)

在異象中,我看見一棟房子受到白蟻的侵害。耶穌對我說,"一個有罪的人就像一座滿是白蟻的房子。一開始只是有幾隻小白蟻。完全不起眼。但是如果沒有被消滅根除,它們就會漸漸蔓延到整棟房子。很快的,木頭裡面都是洞洞並且開始碎裂。罪也是如此。罪惡一開始都是很小的。最終會影響到你的每一部分。它會一直長大。若不悔改,罪會毀滅你。越早承認你諸多的罪,你越容易清除它們。罪若保留的越久,它越難從你的靈魂中清除掉。當你去與人和好時,我會把我的寶血和恩典傾倒在你身上。再次,你會如白雪一樣地潔淨。"

主啊,謝謝你給我這啟示。現在我認識到時常去認罪是多麼地重要。你會一直打開你的雙臂來歡迎我。

公義的上主

"上主是審判者,決不看情面。他決不偏袒任何人,而加害窮人;他倒樂於俯聽受壓迫者的祈禱。"

德訓篇35:16

寶貝的孩子,我是一位公義的上主,我也是一位滿有恩慈憐憫的上主。我垂聽所有饑餓貧窮人的禱告。我的心總是傾向於那些弱勢和受苦的人。因為當我是木匠的兒子時,我也被不公義地對待。人輕視我,鄙視我。當我被釘十字架時,他們對我沒有任何的憐憫。在客西馬尼園裡,我請門徒為我禱告,但是他們都睡著了。我能理解那些被欺壓,無助的人。我聽見他們的呼求。不要怕為那些受苦的人代禱。我一定會回應你的禱告。

我的上帝,我的主啊,你對貧窮人有一顆滿有仁慈的心。你總是會應允我的禱告。我讚美你,我感謝你。

酵母

> "上帝的國還像什麼呢？它就像婦人
> 做餅用的麵酵。她只將一點點酵母揉
> 進三斗麵裡，整團麵就都發透了。"
>
> 路加福音13:20-21（新普及譯本）

我的孩子，酵母像是你的信心。是需要培養的。它需要成為你生活中的一部分。信心需要用禱告，聖餐和閱讀屬靈書籍來滋養。它需要時間才能看到成果。需要努力和精力來加強你的信心。雖然一開始是非常小的，但是它會增長而且可以影響你周圍的人。你是我的酵母，我可以用來使別人發起來。使整團發起來，不是你的努力，而是我的能力。你僅僅是降服於我而且願意被我揉捏，被我塑造。你的喜樂和獎賞會是大的。

> 我的主，我是完全屬於你的。揉我
> 捏我把我塑造成為你的形像和樣
> 式。我在這裡要遵行你的旨意。

作惡的人

> "我告訴你們，我不曉得你們是那裡來的。你們這一切作惡的人離開我去吧！"
>
> 路加福音13:27（和合本）

誰是作惡的人？他們是那些自私，自我中心的人，而且不遵從天父的誡命。他們做事只照著自己心裡的想法和欲望。他們不順從天父的旨意。他們認為他們不需要上帝。他們不顧良心，心中沒有對錯。但是你，我的孩子，是順從我，討我喜悅的。你的願望是要親近我，服侍我。你的一生就是要遵行天父的旨意。來吧，我忠心的僕人。我要用我的身體和我的血來滋養你，我親愛的孩子。我深深地愛你。

主耶穌，我獻上我的生命給你，和給我們在天上的父。你是我生命的中心。我單單只要服侍你。

居住的地方

"我們在他裡面被巧妙地連接在一起，
成為主的聖殿。你們外族人也藉著基
督成為這居所的一部分，這居所就
是上帝藉著他的靈居住的地方。"

以弗所書2:21-22（新普及譯本）

在異象中我看見一個不是用水泥和磚頭而是用
聖餐餅建成的小房子。那房子還有個煙囪並且
有煙從煙囪裡冒出來。耶穌對我說，"寶貝孩
子，每次你領受我的身體，喝我的血時，你在
心中就為我建造了一個住處。一個房子必須保
持乾淨。你的房子不是一個月至少要清潔一次
嗎？你的靈魂也當如此。經常去和好是很重要
的，每個月至少一次。不管你怎麼努力地去想
要無罪，總是有灰塵和污垢。異象中的煙就是
聖靈。常常地呼叫聖靈才能使火繼續不斷的燃
燒。住在你心中的聖靈就會讓你去愛所有需要
我的人。"

哇！好棒的異象啊。主耶穌，
謝謝你。我邀請你來住在我心
中。求你用聖靈充滿我。

我的禱告

> "我所祈求的,就是你們的愛能越來越多地滿溢出來,你們的知識和悟性也能不斷地增長。因為我希望你們明白什麼是最重要的,這樣你們就能夠過純潔而無可指責的生活,直到基督再來的那天。願你們結滿救恩的果實,就是耶穌基督在你們生命中培育出來的公義品格,這樣上帝就能得到極大的榮耀和讚美。"
>
> 腓立比書1:9-11(新普及譯本)

我的孩子,禱告的時候要把你的注意力放在我身上。不要吧啦吧啦的說一大堆字句,要從心中發出禱告,從靈魂的深處發出呼求。在你還沒說之前,我已經知道你所有的需要和請求。我渴想聽你對我的愛和對我的感恩。願你的禱告充滿了讚美和感謝。禱告不是一直說個不停。好像一對情侶坐在一起,手拉著手不說一句話。但是他們的心很滿足,充滿了對彼此的愛。這就是我渴望從你那裡得到的。來坐在我旁邊,聆聽我。

> 耶穌,我的愛,我的王。我的心渴望與你同在。求你傾倒更多的愛進入我的心。我的耶穌,我愛慕你。

抬高自己

"抬高自己的，必被降卑；降
卑自己的，必被抬高。"

路加福音14:11（新普及譯本）

在異象中我看見兩個人上上下下的坐在翹翹板
上。耶穌對我說，"我的孩子，你剛才看到的
異象，顯示當你坐在翹翹板低的那頭的時候，
你一定會被舉起來。謙卑是非常有智慧的，因
為當你低下了，你就會被抬高。你會被大家稱
讚。但是當你驕傲時，你周圍的人因為嫉妒，
就肯定要使你跌跤，摔倒。你有的每件東西都
是從天父那裡來的。你做的每件善事都是靠我
的恩典。所以你沒有什麼可以驕傲的，只有感
謝和讚美天父。他是一切良善的賞賜者。要謙
卑因為我是謙卑的。"

天父，為你的愛與恩典，我感謝你。
我讚美你，因為我是奇妙地被造。主
啊，我的每一樣東西都來自於你。

救恩

> "今天救恩已經臨到這家，因為這個人
> 表明了他是<u>亞伯拉罕</u>真正的子孫。人
> 子來，正是要尋找和拯救迷失的人。"
>
> 路加福音19:9-10（新普及譯本）

我的孩子，救恩是為每一個人預備的。但是首先，你必須像<u>撒該</u>那樣來尋找我。雖然他是有錢人，穿得很高貴，但是他為了要看見我，並不在乎把他昂貴的衣服弄壞，並且當眾出醜地爬上了一棵樹。當你尋找我的時候，我會去到你的心中。當你邀請我進入你心裡，我就會把救恩帶給你和你的家人。為了你，我心甘情願地受苦死在十字架上。要被轉化，並悔改和改變你的行事為人像<u>撒該</u>一樣。當你邀請我進入你家裡，你的生命將永遠不一樣。

> 主耶穌，求你來。我全心地歡迎
> 你。請來與我同住，與我一起
> 吃飯。請你進入我的靈魂。

配受苦

> "使徒離開最高公議會，因上帝認為他
> 們配為耶穌的名受辱而滿心欣喜。"
>
> 使徒行傳5:41（新普及譯本）

親愛的孩子，愛我越多，就會越願意為我受苦。有多少次一個作父母的會說"我希望生病的是我，而不是我的孩子。"當父母看到他們的孩子因為癌症或其他嚴重的疾病受苦快要死去時，他們非常地痛苦。五旬節之後，我的門徒被聖靈充滿，而且結出聖靈的果子：愛。他們非常的愛我，願意為我的名殉道。所以要求天父用聖靈來充滿你。求祂把聖靈一切的恩賜和果實來充滿你，特別是更多的愛來愛我。只有那時你才會喜樂地為我的名而受苦。祈求的就必得到。

> 聖靈，請你用你一切的恩賜和果實
> 來充滿我，使我天天可以更多愛
> 上帝。請來，聖靈，求你來。

領瞎子

> "我必領瞎子走陌生的道，帶他們走他
> 們不知道的路。我必在他們面前使黑暗
> 變為光明，使彎曲的地方變為平直。"
>
> 以賽亞書42:16（新譯本）

在異象中我看見我是一個瞎子，把手放在耶穌
的肩膀上，跟著他去一個陌生的地方。我們一
邊走，耶穌一邊告訴我路的狀況，路上是否有
石頭或臺階。耶穌對我說，"寶貝的孩子，讓
我永遠走在你前面。這樣我就能保護你不受傷
害。要相信我，因為我絕不會領你走入歧途。
我會引導你，帶領你走在正路上。有我在你旁
邊，你就絕不會迷路。緊緊地抓著我，不要與
我分開。　　不要分心不注意我。要專注在我身
上，並且遵行我的指示。我不會遺棄你。我會
帶領你進入光明和真理。"

> 主啊，求你緊緊抓住我。不要讓我與你
> 分開。你是我的導師，我的保護者。

十一月

心靈貧乏

> "心靈貧乏的人有福了，因為天國是他們的。"
>
> 馬太福音5:3（新譯本）

在異象中，我看見自己是一個空罐子。因為我是空的，上帝就能把祂的恩典和憐憫倒進罐子裡。耶穌對我說。"寶貝的孩子，沒有人能夠獨自一人進入天國。只有那些和我在一起的人能進入我的國度。因為天國是我在的地方，那些反對我的人就無法進入。每個愛我遵行我誡命的人，能進入我的國度，與我一起享受永生。只有藉著我的恩典和憐憫，你才得到潔淨成為聖潔。那些驕傲的人認為靠著自己的功德能賺到天國的，將會失望。他們就像那些愚蠢的伴娘忘記為自己的燈準備燈油。那油就是我的恩典和憐憫。當謙卑並渴慕我的愛。"

> 主啊，沒有你我什麼也不是。我期待在天國裡可以和你在一起的那一天。謝謝你給我仁慈的愛。

他們都是活的

> "上帝不是死人的上帝，而是活人的上帝，因為在他眼中，他們都是活的。"
>
> 路加福音20:38（新普及譯本）

我的孩子，當我造<u>亞當</u>，<u>夏娃</u>的時候，我是想每個人都可以跟我永遠在一起。但是當罪進入了<u>伊甸園</u>，事情就都改變了。所有愛我順從我律法的人，會與我一起享受永生。但那些拒絕順從我，不愛我的人將在地獄受苦。我並不願意把人送去地獄。但是那些心中滿是恨的人拒絕我。每一個我所造的靈魂都是活的，因為我是一位永活的上帝。你孩子出生的那天，你是多麼地開心。他們是你的驕傲與喜樂。對我所創造的每一個靈魂，我也是如此。我看每個人都是寶貴的。

全宇宙的上帝，我愛你，我敬拜你。
你是我的造物主，是我的救贖主。

這些比喻的含意

> "後來，耶穌單獨跟十二門徒及圍著他的
> 人在一起，他們就問這些比喻的含義。"
>
> 馬可福音4:10（新普及譯本）

在異象中我看見耶穌在用故事教導著小孩子。耶穌對我說，"小孩子比較容易從故事或比喻中去瞭解和學習其中的真理。對於信心小的人也是如此。他們看卻是不理解，聽但是不明白。你是上帝的孩子。你用屬靈的眼睛去看。你聆聽我的聲音並且能瞭解我。但是那些不認識我的人並不明白真理。這是為什麼要先和他們做朋友，才去教導他們有關於我。只有那樣，他們才會敞開心來接受真理，那時他們才看得見光，接著才能成長來愛我。繼續撒種不要停。你的任務就是去撒種，把其它的交給我。要忠心和喜樂！"

> 耶穌，請賜給我種子，我去到那兒，
> 就把種子撒到那裡。無論你差我去
> 那兒，我都願意去遵行你的旨意。

激勵大家

> "我們要設法激勵大家彼此相愛，行善。"
>
> 希伯來書10:24（新普及譯本）

在異象中我看到一塊石頭被丟進一個池塘。水面立刻就泛起漣漪。耶穌對我說，"作我的小石頭去攪動水，為我展開動力。這世上的人日子過得太舒服都不肯動了。他們沉睡，不明白去愛人和行善事的時間不多了。每過一分鐘就更加接近審判的日了。不要浪費任何一天而沒有去激勵人更多地愛我。我的門徒<u>巴拿巴</u>激勵<u>保羅</u>，讓他成為我最忠心的使徒之一。我的孩子，為我做同樣的事。親愛的，你醒著嗎？"

主啊，謝謝你又給我一天可以去愛你，服侍你。求你祝福我為你的尊榮和榮耀所做的每件事情。

地上的事

> "滿腦子全是今生地上的事。"
>
> 腓立比書3:19（新普及譯本）

寶貝的孩子，每一個人只可能有一個心意。你的心意可以被屬天的事或屬地的事佔用。一個人無法同時侍候兩個主人。讓你的心思專注于建立我地上的國度。這樣你會有財寶在天上，那個你要和我們一起共度永恆的地方。讓你的心思注重在從天上來的聖潔和美麗的事物，在心中唱感恩的讚美詩。這樣，每一個看見你的人就可以在你的裡面看見我。不要為吃什麼穿什麼而掛慮。這些東西都要過去。但是我的話永遠長存。

> 主耶穌，你有永生的話語。我在心中要有你的平安，愛和喜樂去活每一天。

凡事都能做

> "因為藉著那賜給我力量的基
> 督，我凡事都能做。"
>
> 腓立比書4:13（新普及譯本）

在異象中我看見一個人在舉重，鍛煉身體。耶穌對我說，"我的孩子，如果你要有力量，你需要鍛煉你的肌肉。禱告和禁食會給你力量去為我做事。藉著禱告你會知道我多麼愛你。在你做事的時候，我與你同在。你不是孤單的，一個人背負著擔子。你與我同負一軛的。重擔是在我們兩個的肩膀上。你可以依賴我，信任我，知道我會永遠保護你，引導你。禁食會讓你謙卑並對人同情，兩個天父喜悅的特質。他會給你所需要的力量。"

> 主啊，為這異象我感謝你。一幅
> 圖畫顯示出千言萬語。謝謝你
> 給我力量去遵行你的旨意。

忍耐到底

> "現在你們需要的是忍耐到底，好
> 繼續遵行上帝的旨意，這樣你們
> 就必得到他所應許的一切。"
>
> 希伯來書10:36（新普及譯本）

在異象中，我看見耶穌跌倒三次。耶穌對我說，"我的孩子，看到我是如何背著我的十字架並且跌倒不只一次，而是三次。雖然我的每根骨頭都在痛，而且從最後的晚餐之後我就沒有吃喝任何東西，我卻必須要強迫自己爬起來，繼續走向加略山。我知道我必須為世人的罪被釘死在十字架上。若不忍耐，我在地上的日子就完全浪費，一切都變成徒然。我的孩子，你也是一樣。你需要忍耐去活每一天，並帶著愛心去行善。若不忍耐，你就無法成為我的門徒，無法完成我為你定下的目標，無法在世上有任何的影響力。你有看到我的門徒是如何地過日子和工作直到最後嗎？他們再怎麼樣地受苦也沒有放棄。照樣去做吧！"

> 主耶穌，賜我勇氣和耐力去背起
> 我的十字架直到生命的末了。幫
> 助我每次跌倒時都能爬起來。

七次

> "就算他一天七次得罪你,每次回來
> 請求你的饒恕,你都要饒恕他。"
>
> 路加福音17:4(新普及譯本)

寶貝的孩子,不肯饒恕像一個人手裡緊緊握住
一塊石頭。在那情形之下,他的手捏得緊緊
的,無法打開去給予或接受愛。另一個不肯饒
恕的比喻就是像一個瓶口被塞住的瓶子。恩典
倒不進去,那瓶子就是人的心。一定要饒恕。
甚至一天要饒恕七次。讓你的心從憤怒,怨恨
以及傷痛中得到釋放。不要對任何人懷恨在
心。只有那樣你才能自由地去愛以及充分地享
受生活。只有那樣你才能遠離哀傷和抑鬱。有
我的恩典和愛在你心中,你就會感受到大喜
樂,滿有祝福。

> 主啊,是的,我要饒恕過去傷害
> 我的每一位。求你饒恕我過去所
> 有得罪你和得罪人的地方。

上帝的殿

> "難道你們不曉得，你們所有人
> 在一起就成為上帝的殿，上帝
> 的靈就住在你們裡面嗎？"
>
> 哥林多前書3:16（新普及譯本）

我所愛的孩子，我渴望你邀請我進入你的心裡。我樂意和你分享我的生命。當我住在你心中時，你的身體就成為我的殿。所以當邀請我進入。不要把我鎖在你心門之外。不要抵擋我要給你的拯救恩典。你有了我，就有了一切。如果一位國王或一位皇帝要來拜訪你，你會先把房子打掃乾淨，然後把東西都整理好來迎接他。你會把平常的活動取消，讓你可以花更多的時間與他在一起。當你邀請我進入你的心裡也是這樣。你的人生將得到轉變。

> 我的心渴望你，我的主，我的王。求你
> 來與我同住。我打開雙臂來歡迎你。

上帝的國

"因為上帝的國已經在你們中間。"

路加福音17:21（新普及譯本）

在異象中我看到一張世界地圖。所有世上心中有基督的人都亮起來像聖誕樹一樣。耶穌對我說，"我願意世上所有的人都被我的光所充滿。有你的幫助我的國度會降臨，我的旨意會在地上被遵行。每個願意成為我門徒的人會幫助別人來到我的光那裡。那些在黑暗裡，沒有光的人，需要你說明他們來到光的源頭。我是世界的光，任何相信我的人會有生命的光。哦，我多麼地渴望看到全世界都被我的光照亮！親愛的孩子，繼續在地上建立我的國度。我會說明你，並且會供應你所需要的一切。"

耶穌，你是我的光，我的拯救。只有在你的幫助之下，我們才能一起改變這個世界。

騙子

> "世上已經出現了許多騙子。他們否
> 認耶穌基督是真正成了肉身來的。
> 這樣的人是騙子，是敵基督者。"
>
> 約翰二書1:7（新普及譯本）

我的孩子，那些不認我的人是騙子，因為他們
只把榮耀給他們自己。但是每個承認我的人是
真的信徒。真信徒無論做什麼都會將榮耀和尊
榮帶給我和天父。時刻要預備好在人前認我。
告訴他們我所做的神跡和醫治。成為我的見證
人。只有那樣你才是我的真門徒。不要跟隨任
何不教導我真理的人，他們走在錯誤的路上。
去進窄門，我在那裡等你。不要去跟隨別人。

> 主耶穌，我要成為你的見證人。我
> 會承認你並把榮耀和尊榮歸給你。

正義

> "我告訴你們，他一定會儘快為他們
> 伸張正義！不過，人子回來的時候，
> 世上能找到多少個有信心的人呢？"
>
> 路加福音18:8（新普及譯本）

公義是把屬於別人的東西還給他。我的孩子，
每個人是生來平等的。我看每個人都是寶貴
的。當窮人向我呼求時，我就會回應他的禱
告。我是一位公義的上帝。若人人與比他更不
幸的人分享他有的，這世界就不會有人餓肚子
或沒有房子住了。許多人很貪心，拿了超過他
們的那一份。他們除了自己，不愛其他的人。
他們不怕最後的審判。但是你，寶貝的孩子，
你明白。當慷慨地回應向你祈求的人。在人前
你要成為我的光和我的希望。

> 天父，你是一位公義的上帝，你
> 聽到窮人的呼求。求你幫助我
> 成為更慈善，更慷慨的人。

使者

> "看啊，我要差遣我的使者在你的前頭，他要在你前面為你預備道路。"
>
> 路加福音7:27（新普及譯本）

在異象中，我看見一個送報紙的男孩把報紙丟到每家前面的草坪上。上帝對我說，"我的孩子，如果你想成為我的使者，你要把我的話傳給你遇到的每個人。至於人讀不讀那份報紙不是你的責任。你的任務只是把好消息傳給那些已經預備好要接受的人。你是被呼召成為我的使者。你是我的手和腳。我已經揀選了你。你願意去執行我給你的這個重要的任務嗎？願意去為我傳達我愛的資訊，並且鼓勵他們的話嗎？願意用溫柔和憐憫的心去安慰我的子民嗎？如果願意，你就和施洗約翰是一樣重要的。你願意為我去嗎？"

> 主啊，是的，我願意去作你的使者。我願意去你差遣我去的任何地方。求你幫助我今天有勇氣對每個人宣講你的好消息。

充沛盈溢的愛

"願主使你們彼此之間的愛以及對
眾人的愛都不斷增長，並且充沛盈
溢，就像我們對你們的愛那樣。"

帖撒羅尼迦前書3: 12（新普及譯本）

在異象中我看見耶穌的心顯示出來。當我在注
視它的時候，那個心就越來越大。耶穌對我
說，"親愛的孩子，學我的樣式。你是否注意
到，在一群人中，我總是可以看到那最需要我
的愛與注意力的那人？就像那次我看見一個有
一隻萎縮的手的人。即便那天是安息日，我醫
好了他。你也照樣行吧！你要對情況比你糟糕
的人有更多的同情心。他們對愛非常的饑渴。
要對向你祈求的人慷慨地給予。你給出去的愛
越多，你得回的愛也就更多。在你母腹中成形
的那一刻起，我就愛上了你。我看你是寶貴
的。去愛人就像我愛你那樣。願意你的心變
大，就像異象中的心那樣。求聖靈把更多的愛
充滿你。"

主耶穌，求你用更多聖靈來充
滿我。擴大我的心讓我能夠像
你愛我那樣地去愛別人。

能看見了

> "耶穌說：'好吧，你能看見了！你的信
> 心使你痊癒了。'那人立刻就看見了，
> 便跟從了耶穌，一路上讚美上帝。"
>
> 路加福音18:42-43（新普及譯本）

我的孩子，要見到上帝的方法就是不住地禱
告。那個瞎子是無法移動的，坐在地上乞討。
當我經過的時候，他不停地向我呼求。甚至當
我的門徒想要叫他安靜，他也不放棄。我的孩
子，你要做同樣的事情。祈求就會得著。不要
怕別人看你像小丑一樣。你的信心能夠救你。
繼續不停地禱告再禱告。你知道我只想你得到
最好的。我會回應你所有的禱告。要堅持不
斷，我會領你到我天上的父那裡去。來吧，對
我要有信心。

> 謝謝你，耶穌，給我這些鼓勵的話。
> 我會禱告，並且知道你一定會回應
> 我的禱告。主啊，我對你有信心。

眷顧的時刻

> "他們要把你夷為平地,毀滅你城牆裡的
> 兒女,不會留下兩塊疊在一起的石頭,
> 因為你沒有認識到上帝眷顧你的時刻。"
>
> 路加福音19:44(當代譯本)

我喜愛的孩子,我的心因只有極少數的人認識我而悲傷,破碎。他們的心被世界上的東西占滿了,以至於錯過了我的拜訪。你要幫助他們來認識我並且在他們生活中的每一個層面能看到我。有一天他們會希望他們能像你一樣地對我有信心。只有與我同在他們才可能面對每天要經歷的麻煩和苦難。不停地為他們禱告。我的心為他們傷痛而大哭。

> 主耶穌,我要安慰你破碎的心。我
> 要去使人與你更親近。我要告訴他
> 們,他們每天是多麼地需要你。

房子建在堅固的磐石上

> "聆聽我的教導並且遵行的人是聰明的，
> 就像人把房子建在堅固的磐石上。"
>
> 馬太福音7:24（新普及譯本）

在異象中，我看到一個燈塔在海港的磐石上。在燈塔的後面有一棟小房子。那個燈塔不但保護那棟房子不受到強風暴雨的襲擊，也能引導所有的船隻安全進港。耶穌對我說，"寶貝的孩子，我是世界的光。我會保護你不受任何的傷害。如果你站在我的後面，你就會很安全。我會永遠在那裡支持你。站穩了。站在我的話上。我的話就像異象中的磐石一樣地牢靠。它們會幫助你渡過你所有的麻煩和困難。你會被我的光所引導，而且你的生命會被保護不受任何暴風雨的襲擊。我所愛的，要留在我身旁。"

主啊，讓我永遠不與你隔開。我活著是靠著你的話。求你幫助我把我的房子建在堅固的磐石上。

兩個瞎子

> "耶穌離開了女孩的家,就有兩個瞎子一直跟在他後面,嚷著說:'大衛之子啊,可憐我們吧!'"
>
> 馬太福音9:27(新普及譯本)

親愛的孩子,你要見我嗎?許多人像這兩個瞎子,他們一生都看不見。你知道每個人都有屬靈的眼睛嗎?你屬靈的眼睛才剛被打開。向聖靈禱告讓你能像我一樣地觀看這個世界。你會看到天使和邪靈。它們是真實的。它們是在這世界裡,但是你要有屬靈的眼睛才看得見。若有屬靈的眼睛,你也能看見我和天父,特別是當你在禱告的時候。在禱告中,你的眼睛會被打開。求天父打開你的眼睛。

> 親愛的天父,求主打開我的眼睛。我要看見你。大衛的兒子,憐憫我。聖靈,用你的愛來充滿我。

小書卷

> "我從天使手中接過小書卷，便吃下去！它在我口中果然甘甜，但吞下去之後，卻在我胃裡變酸了。"
>
> 啟示錄10:10（新普及譯本）

我的話就像你每天早上喝的橙汁。當你喝第一口的時候，你覺得美味極了。但是當你空腹喝橙汁的話，它在你胃中就會發酸。用禱告和默想來讀和學習我的話。咀嚼我的話。要在心中反復思想我的話像我母親馬利亞一樣。讓我的話存留在你心和靈魂裡。讓它們影響你的生活。讓它們引導你的每個行動。我的話比蜂蜜更甘甜而且它們會使你的心舒坦，得安慰。

耶穌，謝謝你智慧的話語。我會一直在心中珍惜它們。

上這裡來吧

> "接著，天上有個響亮的聲音呼喚那兩
> 位先知：'上這裡來吧！'他們就在敵人
> 的注視中，在雲中升到天上去了。"
>
> 啟示錄11:12（新普及譯本）

在異象中我看見一個梯子直達天堂。有天使在
梯子上來往上去下來。耶穌對我說　　，"我的孩
子，有一天你也會和眾天使一起走向到天堂。
他們會幫助你爬上天堂，會引導你並保護你不
掉下來，會為你指路。在天上會有音樂和大喜
樂來歡迎你進入我的國度。你會看到所有你愛
的人在等著你。他們會展開雙臂歡迎你。在那
天，我會使你的喜樂完滿。來，我所愛的，來
吧。"

> 主啊，我期待我可以面對面見到你
> 的那一天。我的護守天使，請一
> 路上引導我，保護我到天堂。

重負和罪

> "因此，既然有一大群見證人圍繞著我們，見證了信心的生活，就讓我們除掉所有拖累我們的重負，尤其是那極易令我們跌倒的罪。讓我們堅忍地奔跑上帝擺在我們前面的賽程，一直注視著耶穌，他是得勝者，開啟我們的信心，也成全我們的信心。"
>
> 希伯來書12:1-2（新普及譯本）

在異象中，我看到我穿著運動裝在跑步，在跑道周圍坐著許多的人。他們都在看著我並且為我加油。我跑累了，但是當我看到耶穌在我前面鼓勵我繼續跑的時候，我感到有一股新的力量使我繼續比賽。耶穌對我說，"我的孩子，要勇敢。不要放棄這競賽。把你肩膀上的重擔除去。為了要贏這場比賽，你必須不攜帶任何會拖累你的東西，譬如擔憂，焦慮和罪。丟掉這一類的念頭，不讓它們來分你的心，讓你不能達到目標。擔憂和焦慮是沒有用的。反之，要注視著我。要看你周圍的靈界並知道我與你同在。"

耶穌，謝謝你鼓勵我。現在我理解為什麼我們必須要倒空自己才來跟隨你。幫助我單單注目仰望你。

回家

> "你回家吧！到你家人那裡，
> 告訴他們主為你所做的一切，
> 以及他說怎樣憐憫你。"
>
> 馬可福音5:19（新普及譯本）

寶貝的孩子，不是每個人都被呼召去作宣教士。對一些人來說，他們最好是留在家裡服侍他們的家以及鄰居的需要。這個被汙鬼附身的人，可以通過在自己的家鄉傳講好消息來做更多的善事，因為那裡的人看見他們的豬在湖裡淹死了就求我離開他們。他們生我的氣因為他們不想改變他們養豬的生計。他們把錢看得比什麼都重。他們的心沒有準備好，無法接受我的愛。至於你，我的孩子，你也可以服侍你的鄰居。你不需要到遠地。在你住的地方就有許多的工作需要做。回家，把好消息傳給所有你遇到的人。我會與你同在。

> 主啊，是的，就在我住的地方有許多的工作需要做。求你賜我勇氣去分享你的好消息給我周圍的人。不要讓我錯失去宣講你是何等偉大的機會。

接待客旅

> "不要忘記殷勤接待客旅。曾經有人這樣做，就在不知不覺中接待了天使！"
>
> 希伯來書13:2（新普及譯本）

在異象中，我看見<u>亞伯拉罕</u>坐在一棵大樹的樹蔭下和三位天使在一起。耶穌對我說，"我的孩子，任何時候你接待人，對人友好，上帝會差天使去拜訪你並將好信息帶給你。天使告訴<u>亞伯拉罕</u>明年<u>撒拉</u>將要懷孕，雖然<u>撒拉</u>已經過了生育的年齡。沒有什麼事情對上帝來說是不可能的。接待人會將愛和喜樂帶到你的家。無論你對別人做什麼，你會收到百倍的獎賞。你用什麼量器量給別人，也會用什麼量器量給你。要慷慨，有愛心和善良。若對人慷慨，你就不會有任何的缺乏。"

主啊，為這美好的教訓謝謝你。
你教導我要更加地慷慨接待人，
特別是對那些比我不如的人。

我要感謝你

> "因為你救我免於喪亡，在不幸之時，拯救了我。因此，我要感謝你，頌揚你，讚美上主的名號。"
>
> 德訓篇51:16-17

在異象中我看見許多人跪在全能上帝的面前，讚美敬拜他。耶穌對我說。"我們最大的喜樂就是我的子民對我們的感謝和讚美。因為那是從他們內心發出的。我的孩子，永遠把尊榮和榮耀歸給天父因為他配得所有的讚美。他已經榮耀了我，而現在你可以為他做同樣的事。他對你的愛是永久不變的。通過感恩和讚美你會得到喜樂□□一個不是從世界來的喜樂，而是從我來的。這喜樂非常的深奧和深刻是沒有人或環境可以改變的。這喜樂能保守並支持你渡過世上一切的試煉和苦難。要不住地謝恩。"

> 我的主，我的上帝，我感謝你，我讚美你。為你給我的一切，我要永遠感恩。你是一位令人敬畏偉大的上帝。

摸

> "無論村莊，城裡還是鄉間，只要是耶穌所到之處，人們就會把病人抬到集市上，懇求耶穌至少讓病人摸他袍子的穗邊，所有摸著他的人都痊癒了。"
>
> 馬可福音6:56（新普及譯本）

親愛的孩子，即使相信我的衣服有醫治的能力也是需要有信心的。若有信心每件事情都是可能的。單要相信我。事實上，你不需要摸我也能得到醫治。聽我的話，就可以得到醫治。那十個痲瘋病人求我醫治他們。十個人就全部得到醫治，雖然我沒有摸其中的任何一位。我只告訴他們去見祭司。我的話和我衣服縫子一樣地有能力。相信我的人不只是得到醫治，他們還要活到永遠。我的孩子，常常來坐在我旁邊，聆聽我的話。你不但身體得到醫治，你的心靈也一樣會得到醫治。你會被我的存在和我的愛所感動。我對你的愛會醫治你一切的疾病。我的孩子，你相信我嗎？

> 是的，主啊，我相信你。我知道你是創造宇宙的全能上帝。沒有任何事情對你來說是不可能的。主啊，請醫治我。

女人

> "終於有了！這是我骨中的骨，肉中的肉！她要稱為'女人'。"
>
> 創世記2:23（新普及譯本）

親愛的，你是我骨中的骨，肉中的肉。每次當你領受我的身體，喝我的血，我們就合而為一了。我們在思想，身體，和心靈裡是聯合的。你是我的配偶。這是為什麼當你來到我國度的時候，我會為迎接你而預備了婚宴。你是我的寶貝，當你在你母親的腹中懷胎的那天，我就愛你了。你是屬我的。每個接受我身體和我血的人就會與我一起在天上享受永生。這是為什麼我需要離開天父來到世上，來帶你回家。你是我心中的喜樂。除了罪以外，沒有任何事情可以把你與我隔開。罪的工價是死亡。而我已經在十字架上為你戰勝了死亡。來吧！我所愛的。

主耶穌，我把我身，心，靈獻給你。我是你的，擁有我，千萬不要讓我離開。

三天

> "這些人跟我在這裡已經三天了，沒剩下
> 什麼吃的了，我不忍心看見他們這樣。"
>
> 馬可福音8:2（新普及譯本）

在異象中，我看見耶穌坐在一塊大石頭上講話。他在教導他面前的好幾千人。他們都全神貫注地聽他的教導。他們饑渴地聽他智慧的話語。雖然三天下來他們看起來又累又餓，但是他們還是不肯離開耶穌。耶穌對我說，"任何花時間聆聽我的人絕不會空手離開。這些花了三天與我在一起的人看到五餅二魚的神跡。我不只餵養了他們的身體，也滋養了他們的情緒和靈性。我將盼望賜給每個人還向他們顯明天父的慈愛。我告訴他們每個人是多麼的特別。這是為什麼他們都不願意回家。當你花三天和我在一起，像在一個週末的退修會，你會得到餵養，得到滋潤。你會超乎想像地得到滿足。我不會讓你空著肚子離開。"

耶穌，謝謝你在退修會裡滋養我。
那是一個充滿信心的週末。

和好

> "所以，你如果在聖殿的祭壇獻祭
> 時，忽然想起有人對你有所不滿，就
> 應該把祭物留在祭壇那裡，先去與那
> 人和好，然後再來向上帝獻祭。"
>
> 馬太福音5:23-24（新普及譯本）

寶貝的孩子，如果有人對你有怨恨或憤怒，它
會影響你的健康。不要推遲去和這個對你有意
見的人說話。你若是對的，你需要帶著愛心去
和這個人澄清情況。你若犯錯誤冒犯到他，你
需要去道歉。不要讓你和別人之間有任何疙
瘩。讓你的每個人際關係都是和諧的。即使對
方傷害了你，還要請求饒恕。他會冒犯你，一
定有他的理由。先去與他和好。要謙卑並且承
認自己所犯的過錯。　　永遠有一顆願意饒恕的
心。只有藉著饒恕你才能夠像我愛你一樣地去
愛人。

> 我的耶穌，你愛世界上的每一個人，包
> 括想要殺你的仇敵。求你教導我如何
> 去愛人，特別是那些我愛不來的人。

尋求他

> "沒有信心就不可能討上帝的喜悅。
> 無論誰想要來到上帝的面前,都
> 必須相信上帝存在,並且相信他
> 會賞賜那些真心尋求他的人。"
>
> 希伯來書11:6(新普及譯本)

在異象中我看見我在黑暗的房間裡找東西。但是我什麼也看不見直等到我拿起了一個手電筒。當我把手電筒打開,我就看到我要找的東西。耶穌對我說,"我是世界的光。只有憑著我的光,你才能找到上帝。 沒有我,你只能在黑暗裡摸索,而且會摔跤並絆倒。有我,你就可以看清楚你要去哪裡。只要緊隨著我,你就會走在正路上。要對我有信心,其它的都不重要。信心會引領你到天父那裡,他和我一樣地愛你。我和天父原為一。認識我的,就認識父。聖靈會向你啟示所有的真理。"

> 聖父,聖子,聖靈,我愛你,我仰慕你。耶穌,我尋求你,全心地渴望你。

得人

> "來，跟從我，我要教你們
> 怎樣得人如得魚！"
>
> 馬太福音4:19（新普及譯本）

寶貝的門徒，若想抓魚，你需要用肥大好吃的蚯蚓或昆蟲去吊魚的胃口。想抓住人心，你需要用我的話，被我的愛所滲透才能吊人的胃口。辯論和演講不能帶領靈魂來親近我。它們只會讓人轉離我。但是安慰和智慧的話會將愛與喜樂帶到人心裡。你出去要得人時，要帶著我的心。第一重要的是要穿上愛。若沒有愛和忍耐，你的工作就像一個空洞的鑼。去吧，享受抓魚。

> 主啊，謝謝你給我這個啟示。每當我出去要得人時，求你用你的愛來充滿我的心。身為你的門徒是件開心的事。

十二月

七大籃子

> "他們想吃多少就吃多少,門徒後來
> 竟撿了七大籃子剩下的食物。"
>
> 馬太福音15:37(新普及譯本)

寶貝的孩子,我對這些人動了憐憫的心。我願意供應他們一切的需要,甚至還加上更多。這群人來到曠野是要聆聽我的話。他們對我有信心,把病人帶來,而我就把所有的病人都醫好了。他們非常喜樂並且榮耀我。他們的生命在這些事情發生之後,就永不一樣了。每次你去教會望彌撒,同樣的情形也會發生。若把病人帶去教會,我就會醫治他們,而且用我的身體和我的血去餵養他們。他們的生命會被改變。他們不會空著肚子回家。我是一位喜愛餵養我子民的上帝。我不會讓你空手而回。

> 主啊,求你賜給我勇氣帶人到教會
> 來讓你去餵養他們,醫治他們。
> 你是最慷慨,仁慈的上帝。

主啊

> "你們為什麼一直稱呼我'主啊，主啊！'，卻不照我說的去行呢？"
>
> 路加福音6:46（新普及譯本）

在異象中我看見兩顆樹。一顆樹上有許多葉子，果實，和很深的根紮在地下。另一顆樹卻很小，枝子上只有一點葉子。當洪水來的時候，第二顆樹被洪水沖走了，而第一顆樹還豎立在原處。耶穌對我說，"我的孩子，只有那些深深紮根在我裡面，試煉來臨時能站立得住的才是好樹。每個稱呼我'主啊，主啊'卻什麼也不做，也不靠著我過日子的人，他們會倒下並且滅亡。我的孩子，天天聆聽我的話，並且照著去行的人，會結出許多果子。當生活變得困難，你的信心會拯救你。要深深地愛我。你會站立的穩，不會倒下。"

> 主耶穌，你的話存到永遠。教導我每天願意去照你的話而行。

你們相信嗎

> "耶穌進了屋,那兩個瞎子也跟著進去,耶穌問他們:'你們相信我能讓你們看見嗎?'他們回答:'主啊,我們信。'"
>
> (馬太福音9:28(新普及譯本)

親愛的孩子,你相信我能醫治你嗎?你真的相信我是一位醫治者嗎?向我祈求時,你心中不要有任何的懷疑。當你懷疑我能否醫治你或別人時,你在阻擋我醫治的能力湧流到你或是別人。帶著對我的信心和信任,所有事情都是可能的。如果你能在想像中看見的話,它就會成為事實。在聖經有記載任何人請我醫治,卻被我拒絕了的事情嗎?一次也沒有。每個來到我面前的人都得到了醫治。所以帶著期待的信心來到我面前。來吧,我的孩子,我要醫治你。

> 你是我的全能上帝和醫治者。我相信每件事對你都是可能的。

我的平安

> "我留下平安給你們，我將我的平安賜給你們。我所賜的，不像世人所賜的。"
>
> 約翰福音14:27（和合本）

在異象中我看見我被耶穌擁抱。他用雙臂環抱著我，讓我的頭靠在他的肩膀上。我感到很平靜，很被愛。耶穌對我說，"寶貝的孩子，當你被我愛的時候，你一切的懼怕和焦慮都會消失。你毫無懷疑地知道我會保護你不受任何的傷害。像一個嬰孩躺在他母親的懷裡，你會覺得完全地安全和被愛。你會感到滿足。雖然周圍會有混亂，你在我手臂中會覺得很平靜。你知道我會帶你到安全之地。不用怕任何事情。即便是在試煉中，我都會與你同在。你可以信得過我。我絕不會拋棄你或棄絕你。你是屬我的。"

> 耶穌，我愛你而且我信任你。求你用你的平安來充滿我的心。絕不讓我遠離你的擁抱。

同聲

> "願那位賜給你們耐心和鼓勵的上帝，
> 幫助你們全然和睦地相處，這才跟基
> 督耶穌跟隨者的身分相稱。這樣，你
> 們大家就能一起同聲把讚美和榮耀歸
> 給上帝，就是我們主耶穌基督的父。"
>
> 羅馬書15:5-6（新普及譯本）

親愛的孩子，我和天父最喜悅的就是看到你和
一群人在教會中一起禱告。我喜歡看見我的孩
子在禱告中彼此同心合意團結在一起。那樣的
禱告是非常有效的。你們的禱告會被天使帶到
天父的寶座前，他會獎賞你，並回應你的請
求。當你們在一起禱告，那就像交響樂團中的
許多不同的樂器在一起彈奏，演奏出非常美麗
的音樂。許多人在一起的禱告也是這樣。那聲
音在我耳中聽起來就像美麗的音樂。天天來讚
美和敬拜我和天父。

> 榮耀，榮耀，榮耀歸於至高上帝！
> 願我主永遠被讚美和尊榮。

歡喜快樂

> "那些被上主贖回的人要歸來，他們要唱著歌進入耶路撒冷，以永遠的喜樂為冠冕。憂愁和悲哀將要消失，歡喜和快樂必充滿他們。"
>
> 以賽亞書35:10（新普及譯本）

記得單獨和你母親在一起做件事情嗎？你們非常享受彼此的陪伴。你知道你是她眼中的瞳仁。這就是在永恆中你與我在天上將要得到的喜樂。知道你是那麼地被愛，你會有同樣的滿足感。我的同在會帶給你那種喜樂。但是你不需要等待才得到那樣的喜樂。如果邀請我進入你的心，你的家，你現在就可以得到。我的同在帶給你的喜樂會滿溢到別人那裡。所以，親愛的孩子，在降臨節期間打開心門來接受我。

我的主，我的心和我的家都要打開來接受你。求你在降臨節期間，來和我在一起。

我的喜樂

"我把這些事告訴你們，好讓你們充滿我的喜樂。你們的喜樂將會滿溢！"

約翰福音15:11（新普及譯本）

在異象中我看到一對在蜜月中的夫婦坐在海灘上，彼此擁抱在一起享受日落。那真是好美，好喜樂的圖畫！耶穌對我說，"親愛的，在我的愛中，你心中會有我的喜樂。完全的愛會趕走一切的恐懼。你會心甘情願地為我做每件事情。你會讓你的內心純潔像這些新婚夫妻一樣。新娘都是要討她的丈夫喜悅。而新郎就是要讓他的新娘開心。因為彼此的愛，他們沒有什麼是不願意付出的。他們的喜樂在彼此的擁抱中得到滿溢。他們的心跳是一致的。他們對彼此是非常地滿足。我渴望與你就是像這樣的合一。來吧，我所愛的。來到我的懷抱中。接受我的喜樂，你的喜樂就會滿溢。"

主啊，我愛你。我渴慕你而且敬拜你。你是我的喜樂。

蒙眷愛的

> "你好，蒙眷愛的女子！主與你同在！"
>
> 路加福音1:28（新普及譯本）

我的母親<u>馬利亞</u>是滿有恩典的人。我的孩子，你也是被我的恩典所祝福，所充滿的。因為你也是蒙揀選去遵行上帝的旨意。每次你對我說"好的"，你就在仿效我的母親。每次你溫柔地把我的子民抱在你懷中，你就像我母親愛我一樣地愛他們。她是你的模範。她犧牲她的計畫和夢想，為要執行我的旨意。她是天父最順服的僕人。她願意為我捨命。當她對天使<u>加百列</u>說"好的"時，她冒著被石頭打死的危險因為她在和<u>約瑟</u>結婚之前就懷了孕，而<u>約瑟</u>卻計畫要暗暗地把她休掉。看到唯一的孩子釘死在十字架上，她忍受極大的痛苦。學習她的勇氣和對上帝的順服。

> 萬福<u>馬利亞</u>，上帝的母親，教導我如何像你一樣地愛耶穌。求你現在和在我離世的時候為我禱告，阿們。

不要害怕

> "因為我——上主，你的上帝，
> 握著你的右手，對你說：'不要
> 害怕，我在這裡幫助你。'"
>
> 以賽亞書41:13（新普及譯本）

在異象中我看到我的父親牽著一個小孩子的我
過著馬路。他防護使我不被車子傷害到。天父
上帝對我說。"寶貝的孩子，要握住我的手。不
要走在我前面或後面。緊緊跟在我身邊。走在
我旁邊。來找我並且抓住我。有我在你身旁，
你就沒有什麼好怕的，因為我是你的爸爸，你
的保護者。我會保護你不受任何惡者的傷害。
我是你的盾牌，你的圍牆。你可以信任我。"

> 全能上帝，你是我親愛，有愛心的
> 天父。我永遠讚美你，敬拜你。

你的救贖主

> "上主——你的救贖主，<u>以色列</u>的聖者
> 這樣說：'我是上主你的上帝，我教導
> 你，使你受益，引導你走當行的路。'"
>
> 以賽亞書48:17（新普及譯本）

在異象中我看見耶穌在十字架上，用他的右手
抓住我的手。他對我說，"我的孩子，我已經
為你付了代價讓你從罪和世界中得自由。雖然
你是活在這世上，你卻是屬我的。你在地上的
時間比起永恆是非常短暫的。所以每天要握住
我的手，絕不放開。我會指引你，引領你走正
路。用你另一隻手去握別人的手，把他們帶到
我面前。因為我渴想每一個靈魂。我也為他們
每人受苦和受死。我要每個人都得到救贖。那
是我的旨意，是我最深的願望。"

> 主啊，請緊緊抓住我，絕不放開
> 我。我要永遠和你以及天父和聖
> 靈在一起。謝謝你救贖我。

永生

> "得到這永生的方法就是──認識你這位元獨一的真神，並且認識你差遣到世上來的耶穌基督。"
>
> 約翰福音17:3（新普及譯本）

親愛的孩子，當你愛上一個人時，時間好像停滯了。所以當你認識天父，與他面對面的那一刻也會如此。你會永遠與我們在一起享受生命。你會有在地上從來沒有經歷過的平安和喜樂。你的心會歌唱而且你也會有喜樂的眼淚。你會洋溢著上帝的慈愛。你將永遠活在全能上帝的同在裡，他是你的父親。你將在我的懷抱中，被所有愛你的人環繞著。有許多天使聖徒都圍著來歡迎你，愛你。無論去到哪裡你都會看到笑臉相迎。你會聽到天使的音樂，看到美麗的風景。你將永遠和我們在一起。

哇！我幾乎等不及要到與你永遠在一起的那一天，我的主，我的上帝。

你們就會得到

> "你們從來沒這樣做過，但你們
> 現在奉我的名祈求吧，你們就會
> 得到，還要有滿足的喜樂。"
>
> 約翰福音16:24（新普及譯本）

你記得在青少年的時候，你向你的媽媽要個特別的聖誕禮物嗎？雖然你媽媽不認為你該有那個東西，但當她知道你是多麼想要它，她還是給了你要的那件禮物。記得當拿到禮物時，你是多麼地開心嗎？你知道你媽媽是多麼地愛你，她不會拒絕你向她的祈求。我在天上的父親用永無止息的愛愛你。你想他會拒絕你的祈求嗎？我知道只要你奉我的名向他祈求，他就會給你。他愛你像我愛你一樣多。他願意你有的喜樂是沒有人能給的。你是他的寶貝孩子，他樂意給你禮物。

> 天上的父，謝謝你愛我那麼
> 多。你總是回應我的禱告。

一顆星

> "有一顆星要自<u>雅各</u>家升起，有一根杖要從<u>以色列</u>舉起。"
>
> 民數記24:17（新普及譯本）

我的孩子，許多年前就有預言我會差我的獨生兒子到世上去拯救你。耶穌來到世上向你示範如何用心中的愛來過日子。他教導你用愛去戰勝一切的邪惡。耶穌是道路，真理和生命。任何跟隨我兒子的人會得到永生，因為只有他知道通往我心的道路。他到世上來遵行我的旨意。他對我有無比的愛，他願意為你犧牲他的生命。每次你看到一顆星，你就知道我們是多麼地愛你，你是多麼地寶貴。

> 親愛的天父，謝謝你差遣你的獨生兒子耶穌來到我的生命中。我全心全意地愛你們兩位。

已經戰勝了世界

"在這個世界上，你們要經受很
多磨難和悲傷，但你們要鼓起勇
氣，因為我已經戰勝了世界。"

約翰福音16:33（新普及譯本）

在異象中我看見一面牆把兩邊隔開。一邊充滿
了光，另一邊在黑暗裡。耶穌把那面牆打碎，
黑暗的那邊就消失了。耶穌對我說，"亮的那邊
是我的國度，黑暗那邊是邪惡的世界。我已經
戰勝了那世界。那面牆倒塌了。你願意去把那
面牆的碎片撿起來用它們來建造我的國度嗎？
你願意在這世上成為我的手和腳嗎？這工作會
很辛苦，但獎賞是大的。那些碎片可以用來鋪
路，帶人到我面前來。我的使徒都願意用他們
的生命來鋪這條路。你願意也為我捨下你的生
命嗎？來跟從我。"

我的耶穌，有你的幫助，我就能跟
隨你。求你幫助我克服所有的害怕
和焦慮，讓我能遵行你的旨意。

歸向我

> "全地的人哪！你們都要歸向我，都要得救。因為我是上帝，再沒有別的上帝。"
>
> 以賽亞書45:22（新譯本）

在異象中我看見一塊向日葵田地，所有的向日葵都面向著太陽。耶穌對我說，"當你與我同在，我會保護你不受任何傷害。若遠離我，你會絆腳而且摔倒。當你開始感到抑鬱或孤單，你就要像向日葵那樣來面向我。不要被引誘停留在黑暗裡。邁向光，因為我是世界的光。我會顯示道路，引導你走正路。每天你都要選擇：來跟從我或者照自己的心意去行。你可以敬拜我或者可以自給自足，不要我的幫助。在那種情況下，你的驕傲會引導你讓你跌倒。所以要轉向我停留在安全裡。"

> 我的主，我要永遠跟隨你。你是我唯一的上帝和救主。

丈夫

> "因為你的創造主要作你的丈夫，天軍的上主是他的名！他是你的救贖主，是<u>以色列</u>的聖者，是全地的上帝。"
>
> 以賽亞書54:5（新普及譯本）

我的愛人，我會永遠珍惜你。我渴望把你抱在懷裡。但是你總是為許多的事情忙碌個不停，就像你的孫子把玩具從一個房間搬到另一個房間。不會安靜地坐著，動個不停。我喜歡你安靜地和我坐在一起，像兩個情侶手握著手。不需要和對方說任何話，但心中卻甜蜜的知道你是屬我的。我們生命中有同樣的目標。我們分享內心最深的想法，並且我們喜歡聆聽彼此的聲音。我以永遠的愛愛你。我永不離開你。你是我的配偶。

親愛的天父，聖子和聖靈，讚美你。我非常喜樂知道你是我的配偶，你是我生命中的最愛。我的福杯滿溢。

心裡不要難過

> "你們心裡不要難過，要相信
> 上帝，也要相信我。"
>
> 約翰福音14:1（新普及譯本）

在異象中，我看見一個小孩子在遊樂場玩的很開心。他什麼都不擔心因為他知道他的父母就在旁邊照顧他。他只在意要玩的開心。耶穌對我說，"寶貝的孩子，你看到異象中的小孩子是多麼地開心？這是因為他知道有父母在旁邊保護他，他什麼都不怕。我在你生命的每一刻，都在關注著你，無論是在工作，休息或吃東西。我的眼睛一直在你身上。孩子，感受我的同在。你什麼都不用怕。你生命的每一分鐘我都與你同在。深呼吸一口，想像我就站在你身旁。相信我。"

> 奉耶穌基督的名，用聖靈的能力，我命令恐懼的靈現在立刻離開我，到十字架底下，再也不許回來攪擾我。耶穌，謝謝你。

耶穌

> "她要生一個兒子，你要給他起
> 名叫耶穌，因為他要把自己的
> 子民從罪惡中拯救出來。"
>
> 馬太福音1:21（新普及譯本）

親愛的孩子，如果你知道天父是多寶貝每個靈魂，你就知道他為什麼要差我來到這世上為你死在十字架上了。每一個罪就像把匕首刺進我心裡。每一個罪會在我身體上造成一個傷口。每一個罪都會再次把我釘在十字架上。每一個罪會成為鞭子把我背上的肉撕打下來。每一個罪就像根荊棘，刺進我的頭裡。但是我的孩子，我心甘情願地為你受苦。天父和我要你和我們在天上共度永恆。我們要你成為我們家中的一分子。我們要你永遠和我們一同享受宴席。去吧，不要再犯罪。

> 耶穌，謝謝你把我從罪惡的生活中
> 拯救出來。我愛你勝過世上的任何
> 一個人。你的名字在我耳中像音樂
> 一樣地悅耳。我要永遠讚美你。

以馬內利

> "看啊！那處女將會懷孕！她要生一個兒子，人要稱他為以馬內利，意思是'上帝與我們同在。'"
>
> 馬太福音1:23（新普及譯本）

我的孩子，你是否隨時都可以感受到我的同在？要毫無疑問地知道我一直是與你同在的。我絕不會離開你或拋棄你。你是我的血，我的肉。你知道當你領聖餐時，你的身體就會改變並與我合而為一了。我們成為一體了。除非有罪，我們是無法隔離的。因為罪的工價乃是死。而我是生命。任何到我這裡來的人會有豐盛的生命，一個充滿愛與喜樂的生命。你會像我母親馬利亞一樣得到聖靈的大能。因為無論我在那裡，慈愛的天父也在那裡。我們是三位一體的上帝。我們是不能分割的，就像你我一樣。我們永遠在一起。

以馬內利，求你來。聖靈，求你來。我慈愛的天父，求你來。來到我心中，永遠住在我裡面。聖潔的三一真神，求你絕不離開我。

上帝的眷愛

> "天使對她說：'馬利亞，不要怕，
> 你已經受到上帝的眷愛！'"
>
> 路加福音1:30（新普及譯本）

我的孩子，不要怕，因為你也蒙了上帝的眷愛。你也是我寶貴的配偶，而且我揀選了你。你有一個特殊的使命，一個只有你才能為我完成的工作。你在世上的存在是獨特的，不能被其他的人複製。你的個性和性情完全符合我計畫要你去做的事。沒有其他人有和你相同的任務。當你回答我說"我願意"，我就會供給你勇氣和力量去完成我預定你去做的。謝謝你願意遵行我的旨意。謝謝你敞開心懷接受我。謝謝你成為我特殊的僕人和朋友。我永遠愛你。

> 主啊，我是你的使女僕人。讓一切都按照你的旨意成就。

胎兒就跳動起來

> "一聽見<u>馬利亞</u>的問候，<u>伊利沙伯</u>腹中的胎兒就跳動起來，<u>伊利沙伯</u>也被聖靈充滿。<u>伊利沙伯</u>歡呼起來，對<u>馬利亞</u>高聲說：'你在婦女中是最蒙上帝賜福的！你所懷的孩子也蒙賜福！'"
>
> 路加福音1:41-42（新普及譯本）

寶貝的孩子，你和我母親<u>馬利亞</u>是一樣蒙福的，因為你也一樣把我懷在你心裡。每次你領聖餐時，你接受我的身體，血，靈魂和神性。你心中懷著我到每個地方去。像我母親一樣，把喜樂帶給你遇到的每個人。<u>馬利亞</u>聽到天使<u>加百列</u>給她的好消息，就去幫她的親戚<u>伊利沙伯</u>。她去幫做家務事，一直陪伴著<u>伊利沙伯</u>直到施洗<u>約翰</u>的出生。她在那裡幫忙接生，洗尿布。她把喜樂帶給全家人。要效法我的母親<u>馬利亞</u>。

主啊，我喜愛帶你的喜樂去給別人。求你給我力量去做所有你要我為你所做的工作。<u>馬利亞</u>，我的母親，為我代求。

我靈喜樂

> "馬利亞說：'啊！我心頌讚主，我靈因上帝我的救主喜樂！因他顧念他卑下的婢女；從今以後，萬代都要稱我為有福。'"
>
> 路加福音1:46-48（新普及譯本）

喜樂是聖靈的果子之一。我母親當她聽見她將成為上帝的母親，她就被聖靈充滿。你在受洗時也被聖靈充滿。再過幾天耶誕節就要來臨。準備好像我母親那樣地接待我。在你心中要預備好一個地方來迎接我。把我放在你生命的中心，絕不讓我離開。請我永遠和你同在，與我分享你一切的喜樂和悲傷。我想在你生命的每一刻都和你在一起。我渴慕被你和一切的人所愛。你是我寶貝的孩子，我已經用我十字架上的寶血救贖了你。你是屬我的。要歡喜快樂，知道你是屬我的。

> 我的耶穌，求你來我這裡。我的心歡喜，渴想接你進入我心。

煉淨金屬的烈火

> "因他要像煉淨金屬的烈火,又像漂
> 衣服的鹼。他要像煉銀的人那樣坐
> 下,把渣滓煉去。他要潔淨利未人,
> 煉淨他們如煉淨金銀一樣,使他們
> 能再次向上主獻上合宜的祭。"
>
> 瑪拉基書3:2-3(新普及譯本)

在異象中,我看到一個人在工作。他在用錘子敲打一塊鐵,要把那塊鐵在火爐中塑造成心的樣子。耶穌對我說,"寶貝孩子,你每天都在被錘煉。當你願意為我放棄你自己的計畫時,你的心就變成精金。那金子純到我可以在你心裡面看到我自己。只有在那時候,人才能在你裡面看見我。只有在那時候,人才會透過你來認識我。他們不再看見你,只看到我了。我是個老練的金匠,不會損害你或弄痛你。我會溫柔,耐心地對待你。你不需要害怕。當你的心最後變成像我的心一樣,你就會像清晨的日光一樣發亮。你會在我的愛中歡樂。"

> 主啊,轉化我成為你的形像和樣
> 式。我要永遠遵行你的旨意。
> 對我來說你比金銀更寶貴。

我們的拯救

> "在他僕人<u>大衛</u>家中，為我
> 們興起了拯救的角。"
>
> 路加福音1:69（和合本）

親愛的孩子，我差我的獨生子到世上是要向你
顯明什麼是真愛。耶穌有一顆充滿同情和憐憫
的心。他用我完全的愛來愛你和其他所有的
人。他的心同情每個向我呼求的人。他來是要
救你。他用的是犧牲的愛；他為你付出了自己
的生命。沒有比這個更大的愛了。你能想像你
讓自己的兒子為別人死在十字架上嗎？你能
嗎？親愛的孩子，這個耶誕節讓你的心被我的
愛所充滿，向所有的人去反應出耶穌的愛。特
別是那些最需要愛的人。

> 哈利路亞！奉主名來的是應當
> 被稱頌的！讚美至高真神！

發亮

> "你的眼睛要發亮,你的心要高興振
> 奮,因為世界各處的商人都要到你
> 那裡,給你帶來各地的財富。"
>
> 以賽亞書60:5(新普及譯本)

我的孩子,我是世界的光。當你靠近我,你會得到燦爛的光。看到我行的神跡奇事,你的臉會因喜悅而容光煥發。你會歡喜快樂,而且你的心會滿溢著敬畏之情。當你與我親近時,你就會看見我的榮耀。你會知道我是多麼地愛你,關心你。你的臉會像在戀愛中的人那樣發出亮光。你的心會因喜樂而跳躍而你的步伐因有盼望而加快。我沒有任何不給你的。我是你的基督,會讓你去取所有的寶藏。

基督耶穌,我的主,我的上帝。
我敬拜你,我敬慕你。你是我
的萬王之王,萬主之主。

必須隨時做好準備

> "同樣，你們也必須隨時做好準備，因為人子會在你們最意想不到的時候來臨。"
>
> 馬太福音24:44（新普及譯本）

在異象中我看到人們在作準備去面對將要來臨的暴風雨。他們把玻璃窗用木板封住，買可以吃好幾天的飲料和食物，把房子預備好去減少可能的破壞與損失。耶穌對我說，"這也適用於你。要為我在你想像不到的時候忽然回來做準備。要天天穿上全副軍裝，勤讀聖經，把我的話存放在你心裡。領受我的身體和我的血，讓我在你受試探時增加你的力量。常去認罪，並隨時準備好你的靈魂來見我。在靈裡要不住地禱告。要抓緊時間行善。日子是越來越近了。不要花幾個小時坐在那裡看電視。每分鐘都是珍貴的。我的孩子，當我來的時候，預備好來迎接我。我很快就要來了。"

哦，主啊，求你預備好我的心和我的靈魂來迎見你。我期待你的來臨。

見證

> "我對猶太人和希臘人都作過見證，要他們悔改歸向上帝，信靠我們的主耶穌。"
>
> 使徒行傳20:21（新譯本）

親愛的孩子，作見證就是告訴別人有關你與我的經歷。沒有比告訴別人我為你作了什麼還要更大的資訊了。當他們看到你臉上的微笑，人會相信你。他們會知道我已經改變了你的生命。我給了你一個又一個的恩典。你會像司提反一樣，在他被石頭打死之前，臉上變得像天使一樣。他看見天開了，而且不怕死亡。你也是如此。當你感受到我的同在，知道我有多愛你，你會因喜樂而發光而且你會去告訴所有的人有關我的事。任何時候，若有人想聽這好消息，就作我的見證人。那會改變他們的生命而且會增加他們對我的信心。

> 主耶穌，你已經在我的生命中行了許多的神跡。我要告訴別人你是多麼地偉大。我會去成為你的見證人。

律法

> "我實在告訴你們，就是天地都消
> 逝，上帝律法中最微小的細節也不會
> 消逝，直到它的目的實現為止。"
>
> 馬太福音5:18（新普及譯本）

在異象中，我看見一個房子建在高蹺上。若所
有的高蹺都是完好無損的，那個房子就不會倒
塌到水裡。但是當高蹺破損了，那個房子就會
碎裂倒塌。耶穌對我說，"親愛的孩子，律法就
像這些高蹺在你做的每件事上支持著你。你若
犯了我律法中的一條，你的根基就被震動了。
只有藉著悔改和認罪你才能重造你的房子。我
是你的奠基石。沒有我你就會倒塌。沒有律法
你會滅亡。你的幸福是建立在愛的律法上。沒
有愛，你就不能活出豐盛的生命。"

> 我的磐石，我的救主，我要把我
> 的房子建立在你上面。你的律法
> 是我的喜愛，我堅固的保障。

末日

> "你們聽到戰爭和暴亂的消息時，也不要驚慌。這些事情必定會先發生，然而末日不會隨即來到。"
>
> 路加福音21:9（新普及譯本）

在異象中我看見復活的耶穌穿著白色耀眼的衣服從天上降下來。耶穌對我說，"我的孩子，我是你的盼望，你的救恩。無論地上的情況有多麼地壞，你不要怕。我會與你同在直到世界的末了。我會保護你不受任何的傷害。我不會離開你也不會拋棄你，因為你在我眼中是珍貴的。我會帶你去見天父。聖靈會賜你智慧和真理的知識，讓你在患難的日子可以跟隨我。你會有勇氣去渡過一切的試煉。你心裡不要害怕。我若不允許，沒有事情會碰到你。我永不離開你。你是我所愛的孩子。"

> 我的耶穌，我渴望與你面對面相見的那天。你是我的救主，我的救贖主。我信任你。

愛這個世界

> "不要愛這個世界，也不要愛這個世界給你們的東西；你們要是愛世界，心裡就不再愛父了。這世界帶給你們的，不過是對肉體享樂的渴求，對一切眼見之物的渴求，以及對一己成就和擁有之物的自傲。這些都不是從父而來的，而是從這個世界來的。"
>
> 約翰一書2:15-16（新普及譯本）

在異象中我看見一個遊樂場的摩天輪，燈全打開，轉了又轉。耶穌對我說，"我的孩子，你若享受世上的東西，就像坐在這摩天輪上面。它只會在原地打轉，那裡也去不了。但是當你把我放在生命的首位，你是在爬一個上到天堂的天梯。梯子的兩旁，會有天使引導著你，就像雅各在他夢中看見的天使那樣。你要尋求我並去爬這梯子。與乘坐摩天輪相比，爬梯子是辛苦的。但天梯會引領你去天堂而在摩天輪上面那裡也去不成。除了乘坐摩天輪暫時的享樂以外，那是沒有意義的。選擇我。選擇窄路。"

> 主啊，謝謝你智慧的話語。我接受你的幫助來爬這天梯。求你給我力量，引領我到你的心裡去。

禧年

> "第五十年是你們的禧年，這一年
> 你們不可耕種自己的天地，也不可
> 儲存地裡自然生長的莊稼，或在
> 未修剪的葡萄枝上採集葡萄。"
>
> 利未記25:11（新普及譯本）

在異象中我看到號角被吹響，而且人們在慶祝
歡樂。耶穌對我說，"親愛的孩子，能停下來慶
祝你生命中的里程碑是件好事。你需要識別我
在前一年傾倒在你身上的祝福。讓過去一切的
過犯都被我的寶血擦乾淨。讓你生命有一個嶄
新的開始。當歡喜快樂。這是你的禧年，因為
我已經救贖了你而且饒恕了你一切的罪。你的
全家都因你而蒙福。你會回到我面前，我會用
我的愛和饒恕傾倒在你身上。不會再有眼淚和
羞恥。這是讓你能在主裡歡喜快樂的一年。"

> 當歡喜快樂。主啊，謝謝你給
> 我這特殊恩典的一年。求你用
> 你的盼望和愛來充滿我。

附錄

ST·JOHN·EUDES

聖若望·歐德简介

<u>聖若望·歐德</u>(St. John Edues)，1601年11月14日出生於<u>法國</u>，他的一生跨越了"偉大的世紀"。地理大發現獲得了前所未有的技術革命和探索成果；<u>特倫托</u>大公會議啟動了教會所急需的改革；對普通人來說，這是一個神聖性和神秘熱情的黃金時代的黎明。

靈修傳承

至少有七位教會聖師生活在此前一個世紀。偉大的改革者，如<u>聖方濟各·撒肋爵</u>、<u>聖女大德蘭</u>和<u>聖十字若望</u>等，都在公教信仰的歷史上都留下了不可磨滅的印記。在<u>聖若望·歐德</u>的時代，他們具有十分鮮活的的影響力。

<u>聖若望·歐德</u>在<u>諾曼第</u>鄉村接受了<u>耶穌會</u>的教育，隨後加入<u>耶穌瑪利亞祈禱會</u>。這是一個仿效<u>聖斐利伯·內利</u>在<u>羅馬</u>的祈禱會模式，剛剛建立的司鐸祈禱會。其創始人<u>皮埃爾·德·貝魯勒</u>樞機(Pierre de Berulle)以聖潔著稱，被教宗<u>烏爾班七世</u>稱為"道成肉身的使徒"。

<u>聖若望·歐德</u>深受<u>赤足加爾默羅會</u>的影響。他的神師，<u>貝魯勒</u>樞機，從<u>大德蘭</u>創建的會院請來修女，在<u>法國</u>建立了<u>加爾默羅會</u>。<u>若望·歐德</u>自己後來也成為<u>加爾默羅會</u>院的神師。隱修院的修女們一直為其傳教活動不斷祈禱。

傳教生涯

作為<u>法國</u>再次福音化運動的熱心參與者，<u>若望·歐德</u>的使徒工作主要是堂區佈道。他在每個堂區停留四至到二十周，先後舉行大規模的公開講道120多次。每次佈道完畢，他都為教友們提供告解聖事，並以教友小組的方式每天進行教理講授

在其進鐸初期，<u>若望·歐德</u>的家鄉爆發瘟疫，他竭力為垂死者施行聖事。感染風險如此之大，以至於沒有人敢接近病人。為保護同會修士免受傳染，<u>若望·歐德</u>獨自住在城外一個空酒桶裡，直到瘟疫結束。

創建團體

<u>聖若望·歐德</u>在宣教過程中為無數人聽告解，其中包括許多被迫賣淫的婦女。這使他意識到，需要為她們提供特別的治療和支持，他開始建立"庇護所"來幫助她們脫離街頭，開始新的生活。1641年，他建立了"<u>仁慈聖母庇護所姐妹會</u>"繼續這項工作。此團體接受求助者和已悔悟的婦女們一起生活，並為她們提供持續的支援。今天，這個團體被稱為"<u>好牧人姐妹會</u>"，團體的第四個誓願激發了她們走出去尋找"迷途羔羊"的熱情。

當<u>若望·歐德</u>有機會返回之前佈道的地區，他沮喪地發現，由於缺乏支持，傳教的成效一直在消退。需要改變的關鍵是神職人員。在那時，受訓成為司鐸的唯一途徑是見習模仿。這種訓

練的結果非常不穩定，以至於那個時期出現了"念咒語"(hocus pocus)一詞來描述不合格的神父在彌撒奉獻禮中胡亂說出的拉丁語。

1643年，他離開了祈禱會，成立了耶穌聖母男修會，以此作為培育司鐸的神學院。神學院培育司鐸是特倫托大公會議剛剛提出的一個激進的全新概念。

在教會上的印記

1648年的一次公開佈道中，聖若望·歐德舉行了歷史上第一台，正式地，為敬禮聖母聖心而奉獻的彌撒。1652年他建造了第一座以聖母無玷聖心為主保的教堂：法國庫坦(Coutances)神學院的小聖堂。在他的列品案中，教宗聖庇護士世稱聖若望·歐德為"敬禮耶穌聖心和聖母聖心之父、聖師及宗徒"。關於耶穌聖心，是因為他在1672年舉行了第一個敬禮耶穌聖心的瞻禮，就在聖女瑪加利大·亞拉高第一次見到耶穌聖心顯現的前一年。

儘管若望·歐德敬禮聖母的熱心源自早年，但宣導耶穌聖心瞻禮的主要理由來自他的洗禮神學。在其傳教生涯的起初，他就教導，耶穌持續地"肉身化"在每個已受洗的基督徒的生命中。當我們將自己奉獻給基督時，我們的手就成為祂的手，我們的心就轉變為祂的心。瑪利亞就是這樣的終極典範。她把她的心完全奉獻給天主，以至於她和耶穌擁有同一顆心。因此，誰看到瑪利亞，就看到了耶穌，敬禮瑪利亞聖心永遠不會與敬禮耶穌聖心彼此分離。

教會聖師？

在撰寫本文時，世界各地的主教已經呈請梵蒂岡宣認聖若望·歐德為教會聖師。這意味著確認他對福音理解的獨特貢獻，以及他傑出的，堪稱典範的聖潔生活。有關事件的進展，以及獲得有關其靈修或著作的更多資訊，或訂閱我們的新聞推送，請聯繫spirituality@eudistsusa.org。

聖若望·歐德屬靈大家庭

終其一生，聖若望·歐德的傳教活動集中在三個領域：

- 為司鐸提供淘成、培育和靈修支援，這對其在天主的救恩計畫中的作用至關重要。

- 為妓女和處於社會邊緣人群提供庇護和溫暖，包紮治癒他們的傷口，讓善牧與他迷失的群一起生活。

- 對於平信徒，他教導洗禮所賦予的尊嚴，以及他們作為基督肢體的責任，參與道成肉身的奧跡。

在所做的每一件事中，他渴望成為慈悲憐憫的天主的形象。這就是持續地激勵著那些繼承其事業的團體的"家庭價值觀"。套用聖保祿的話說，若望·歐德播種，其他人通過他建立的團體來澆灌，而天主使之成長。直到今天這個家庭果實累累：

耶穌聖母男修會(CJM)，也被稱為歐德會，繼續致力於在教會內培育和照顧司鐸及其他領袖。聖若望·歐德稱其使命為"教導教師、牧養牧羊人、啟迪世界之光"的使命。作為傳教士，歐德會神父和兄弟繼續努力，通過電視、廣播和新媒體"大膽地為福傳開闢新的途徑"。

善牧宗教(RGS)繼續向處於困境中的婦女伸出援手，當她們要尋求新生活時，為她們提供一個急需的庇護之所和療愈之地。聖瑪利亞·厄弗拉西亞(St. Mary Euphrasia) 極大地擴展了這一使命的範疇，該使命現在在全球70多個國家開展。

聖瑪利亞·厄弗拉西亞——聖若望·歐德的繼承人之一，告誡她的修女們："我們必須去追尋迷途的羊，除了十字架，別無他法，除了工作，別無安慰，除了正義，別無他求。"

在聖若望·歐德所創立的每一所神學院和庇護所中，都有為平信徒建立的耶穌聖母聖心善會團體，現在被稱為歐德協會。他賦予他們雙重的使命：第一，"榮耀耶穌和聖母的至聖之心......通過努力效法他們的美德，使他們生活在自己的心中，並給予治理。"第二，"為拯救靈魂而工作......通過基於自身能力的慈悲和憐憫善工，並通過為神職人員和其他使徒工作祈禱而獲得豐沛的恩寵。"

貧窮小姊妹會是這個平信徒善會的果實。聖珍妮·朱根(St. Jeanne Jugan)是歐德大家庭中的一位獻身女性。她發現窮人和年長者非常需要愛和憐憫，因此為這使命注入了生命。她繼承了聖歐德的直覺，即窮人不僅僅是慈悲憐憫的接受者，而是使人與慈悲憐憫的上主相遇："我的孩子們，永遠不要忘記窮人是我們的上主....在為老年人服務時，就是服務天主自己。"

歐德大家庭這棵樹上最近的一個"新芽"是由安東尼婭·布倫納嬤嬤 (Antonia Brenner) 在墨西哥，蒂華納創立的。在貝芙麗山將她的孩子養育成人並經歷離婚後，她聽從上帝的呼召，成為拉梅薩山感化院的駐院執事。最後一刻歐德僕人會（The Eudist Servants of the 11th Hour）的成立是為了讓其他女性在她們的餘生可以效法她，為那些最需要幫助的人而"成為愛"。

聖若望·歐德為活出福音而樹立的榜樣，激勵了全世界更多的個人和組織。要獲得有關歐德大家庭的更多資訊，或最新出版物的有關消息，或願意分享我們使命，請通過spiritity@eudist-susa.org 聯繫我們。

歐德出版社更多书籍

- 一顆熱情燃燒的心：聖若望·歐德福傳的新模式

- 今日與聖歐德同行的屬靈旅程

- 歐德會讀經集：一位聖若望·歐德讀者

歐德會公禱書

- 第一冊：聖家之心：祈禱手冊

- 第二冊：大於50顆禱告念珠：教會年曆玫瑰經的默想

- 第三冊：每一周都是聖周：每週聖經默想

- 第四冊：聖愛的34個火焰：將心提升面向天主

- 第五冊：生命的臨界點：自我避靜來慶祝自己的生日

- 第六冊：永恆的臨界點：自我避靜來預備一個快樂的死亡

傳記

- <u>聖若望·歐德</u>：十七世紀新福傳的工人

- 凡事中天主的旨意：出自<u>聖若望·歐德</u>的信件

<u>聖若望·歐德</u>更多著作

- 在基督徒靈命中的耶穌生平和國度

- 耶穌的聖心

- 值得尊榮的聖母之心

- 司鐸的尊嚴與義務

- 避靜

- 書信與小作品

其他著作：

- 在聖洗禮中人與天主的對比

- 天主母親美好的童年

關於作者

陸李南玖(Lily L. Loh)是加利福尼亞聖雅各伯堂和基督教治療中心的治療禱告執事。她是聖路加會和基督教治療師協會的成員。南玖擁有普渡大學的學士學位和康奈爾大學的碩士學位。她是一名退休教師，著有三本書。她同時是兩個孩子的母親和三個孫子的祖母，擁有先後在四大洲的生活經歷。